AF349430

LA LEY DE CONTRATOS DEL SECTOR PÚBLICO: UN ANÁLISIS PROFUNDO DE LOS IMPORTANTES CAMBIOS QUE SE AVECINAN.

Borja Colón de Carvajal Fibla.

Jorge Cuerda Mas.

"Estos son malos tiempos. Los hijos han dejado de obedecer a sus padres y todo el mundo escribe libros."

Marco Tulio Cicerón, 106 – 43 a. C.

ÍNDICE

PRÓLOGO

Como muy bien dijo en su momento el profesor García de Enterría, "pocos ámbitos como la contratación pública ejemplifican la legislación motorizada característica de los ordenamientos jurídicos contemporáneos y especialmente de España en los últimos decenios".

Así las cosas, no podemos olvidar que la anterior norma en vigor en materia de contratos públicos, el Real Decreto Legislativo 2/2000, por el que se aprobaba el Texto Refundido de la Ley de Contratos de las Administraciones Públicas, se modificó en 11 ocasiones, ya fuera para ir adaptándola al paso del tiempo (sólo tuvo una vigencia de 7 años frente a los 30 que permaneció en vigor la Ley de Contratos del Estado, texto articulado aprobado por el Decreto 923/1965, de 8 de abril), como para dar cabida a las numerosas sentencias condenatorias dictadas por el Tribunal de Justicia de la Unión Europea por la mala transposición de las Directivas comunitarias reguladoras de los contratos públicos.

Lo cierto es que, al igual que otras importantes materias como pueden ser el medio ambiente o la política económica, los contratos de las Administraciones o contratos públicos están sujetos a las determinaciones que la UE establezca respecto de los mismos. De este modo, el Derecho comunitario ha dejado caer todo su peso sobre los contratos públicos, en primer lugar, durante la primera oleada de Directivas de la década de los 70s, en segundo lugar, con las denominadas "tres Directivas clásicas" de contratos de los años 90s y, por último, con la reciente Directiva 2004/18/CE, de coordinación de los procedimientos de contratación de los diferentes contratos públicos.

Precisamente, la transposición de esta última Directiva fue uno de los principales argumentos esgrimidos, aunque no el único, para aprobar la Ley 30/2007, de 30 de octubre, de Contratos del Sector Público. Más allá de los numerosos y muy buenos trabajos que existen en torno a la citada Ley, nosotros nos proponemos uno cuyo eje central no sea lo que ya está escrito, sino más bien lo que está por venir. Nuestra intención, pues, es abordar a lo largo de las siguientes páginas las importantes reformas que va a sufrir la LCSP durante el presente año, motivadas algunas por cambios impuestos desde el Derecho comunitario, así como otras derivadas de la propia situación de crisis en la que todas las economías modernas se han visto sumidas.

Nos hubiéramos podido esperar a que dichas reformas se publicaran en el BOE, pero no sería justo haber perdido una magnífica oportunidad para explicar el procedimiento, las formas y el sentido de unos cambios que, más allá de representar ajustes técnicos en la aplicación de una norma ya de por sí complicada como es la LCSP, van a provocar el desasosiego de los diferentes agentes que, de una u otra forma, están sujetos a la normativa de contratos públicos.

CAPÍTULO 1: EL NUEVO RÉGIMEN ESPECIAL DE IMPUGNACIÓN DE LOS CONTRATOS PREVISTOS POR LA LCSP.

I. INTRODUCCIÓN.

Recientemente, el 14 de mayo de 2010, el Consejo de Ministros ha remitido al Congreso la futura modificación de la Ley 30/2007, de 30 de octubre, de Contratos del Sector Público (en adelante, LCSP) y la de los sectores excluidos en forma de Proyecto de Ley (en adelante, PLC) con el intento de transponer la denominada Directiva de recursos, esto es, la Directiva 2007/66/CE del Parlamento Europeo y del Consejo de 11 de diciembre de 2007, modificativa de las Directivas 89/665/CEE y 92/13/CEE del Consejo con el objetivo de mejorar la eficacia de los procedimientos de recurso en materia de adjudicación de contratos públicos.

Lo cierto es que ya estamos fuera del plazo que la propia Directiva señala para la transposición de la misma que debió ultimarse a más tardar el 20 de diciembre de 2009.

La Directiva 2007/66/CE trata no sólo del recurso especial, sino que introduce importantes cambios en relación a lo que en el PLC se denomina supuestos especiales de nulidad que afectan específicamente a los contratos objeto del recurso especial. Esta novedosa regulación la incorpora el PLC en la LCSP en los artículos dedicados hasta ahora al recurso especial (arts. 37 y ss.) y creando para éste un título IV que se ubica en los arts 310 a 320.

No obstante, nos ceñiremos en el presente estudio a las novedades que se avecinan en relación al recurso especial contemplado en la LCSP.

II. EL SISTEMA DEL RÉGIMEN ESPECIAL DE IMPUGNACIÓN.

El PLC mantiene la naturaleza preceptiva y previa del recurso especial antes de que los interesados puedan dirigirse y, por ende, agotar la vía administrativa precisa para acudir al orden jurisdiccional contencioso administrativo.

Veamos pues, cuáles son los rasgos que configuran la nueva regulación que propone el PLC.

1.- Ámbito objetivo.

El PLC mantiene el ámbito objetivo del recurso especial que instauró el art. 37 LCSP, distinguiéndolos del siguiente modo:

a) Contratos de obras, concesión de obras públicas, de suministro, de servicios, de colaboración entre el sector público y el sector privado y acuerdos marco, sujetos a regulación armonizada.

b) Contratos subvencionados a que se refiere el artículo 17 de la LCSP, cuando estén sujetos a regulación armonizada.

c) Contratos de servicios comprendidos en las categorías 17 a 27 del anexo II de la LCSP de cuantía igual o superior a 193.000 euros.

d) Contratos de gestión de servicios públicos en los que el presupuesto de gastos de primer establecimiento sea superior a 500.000 euros y el plazo de duración superior a cinco años.

Además, conviene precisar que el PLC establece los actos objeto de impugnación en el art. 310.2[1] constituyendo una novedad el que explícitamente se menciona la posibilidad de impugnar los anuncios de licitación así como considerar actos de trámite impugnables (los cualificados) las decisiones de la mesa de contratación por los que se acuerda la exclusión de licitadores.

El PLC suprime la distinción entre la adjudicación provisional y la definitiva pues ahora solo se prevé una adjudicación con la consiguiente formalización del contrato.

La nueva norma aclara que frente a los actos objeto del recurso especial no caben los recursos ordinarios[2] y que, como ya dice la actual LCSP, no cabe aquél en los casos de adjudicaciones efectuadas por el trámite de emergencia.

Ahora bien, después de sentar estas reglas generales y muy claras introduce, a nuestro juicio, en el art. 310.5 una ambigüedad no exenta de críticas. Así dice este precepto que "los actos referidos en el

---

[1] Dice este precepto que: "Podrán ser objeto del recurso los siguientes actos:
a) Los anuncios de licitación, los pliegos y los documentos contractuales que establezcan las condiciones que deban regir la contratación,
b) Los actos de trámite adoptados en el procedimiento de adjudicación, siempre que éstos decidan directa o indirectamente sobre la adjudicación, determinen la imposibilidad de continuar el procedimiento o produzcan
indefensión o perjuicio irreparable a derechos o intereses legítimos. Se considerarán actos de trámite que determinan la imposibilidad de continuar el procedimiento los actos de la Mesa de Contratación por los que se acuerde la exclusión de licitadores.
c) Los acuerdos de adjudicación adoptados por los poderes adjudicadores".
[2] Al respecto pueden verse el Informe de la JCC del Estado núm. 48/2008, de 29 de enero de 2009 y el Informe 18/2008, de 21 de julio, de la JCC de Aragón.

apartado 2 que se dicten en los procedimientos de adjudicación de contratos de las Administraciones Públicas que, aunque sean de la misma naturaleza que los mencionados en el apartado 1, no reúnan los requisitos del mismo, podrán ser objeto de recurso de conformidad con lo dispuesto en la Ley 30/1992, de 26 de Noviembre de Régimen Jurídico de las Administraciones Públicas Común (en adelante, LRJPAC) y del Procedimiento Administrativo Común, y en la Ley 29/1998 de 13 de julio, de la Jurisdicción Contencioso Administrativa (en este momento, LJCA).

Entendemos que es una reiteración anterior que obsta su cita dada la claridad del apartado 4 del mismo precepto. No obstante, su mención puede ser distorsionante y cabe plantearse si realmente se está refiriendo a otros supuestos y, caso de ser así, a qué supuestos. En este momento, sólo se nos ocurre la posible adjudicación por lotes en los contratos armonizados de obras, suministros o servicios (arts. 14.2, 15.2 y 16.2 LCSP) que permite al órgano de contratación excluir dentro de las cuantías y límites establecidos las reglas del contrato armonizado.

Otra interpretación posible es que, tratándose de contratos sometidos al régimen especial de impugnación, se refiera a actos distintos de los señalados en el apartado segundo del mismo precepto, aunque esta nos parece inviable dada la generalidad de dicho apartado.

2.- Los recurrentes

El PLC ofrece poca inventiva en este apartado respecto a la Ley cuya modificación pretende, estableciendo un carácter amplísimo a las personas interesadas y, por tanto, se mantiene esa generalidad del concepto de legitimado a toda persona física o jurídica cuyos derechos o intereses legítimos se hayan visto perjudicados o puedan resultar afectados por las decisiones objeto de recurso, desapareciendo la mención a los *licitadores* que, obviamente, siempre tendrán la condición de interesado[3].

3.- Órgano de recurso independiente.

Otra de las novedades que se deducen de la Directiva de recursos y ahora recogida por el PLC[4], es la creación de un órgano independiente al que compete la resolución del recurso especial, dotando a los miembros que compongan dicho órgano de un estatuto similar a los magistrados del Tribunal Constitucional[5], en orden a defender su independencia e inamovilidad.

Lo más llamativo de este órgano independiente es que, además del ámbito estatal, también se prevé su creación por las Comunidades Autónomas y, tratándose de Corporaciones Locales, la creación del órgano independiente se efectuará por las Diputaciones Provinciales.

Entremos a analizar cada uno de ellos.

---

[3] La Directiva 2007/66/CE todavía establece una distinción no incorporada a nuestro Ordenamiento dentro de los afectados distingue entre licitadores y candidatos.

[4] Tal novedad en la legislación estatal no resulta en el ámbito autonómico. Así, Baleares a través de la Ley 3/2003, de 26 de marzo de Régimen Jurídico, en su art. 66 establece un recurso especial en materia de contratación, si bien, este precepto sustituye al recurso de reposición (haciendo uso de la posibilidad ofrecida por el art. 107.2 LRJPAC sobre los recursos alternativos) y como particularidades más relevantes cabe destacar que son resueltos por la Junta Consultiva de Contratación Balear y sus resoluciones serán vinculantes para el órgano de contratación que dictó el acto impugnado.

[5] Así puede verse el art. 23 de la Ley Orgánica 2/1979, de 3 de octubre, reguladora del Tribunal Constitucional.

3.1.- En la Administración General del Estado.

En la Administración General del Estado el órgano independiente, aunque la Ley no lo califica de tal sino de órgano especializado, recibirá la denominación de Tribunal Administrativo Central de Recursos Contractuales (en adelante, TACRC) que se adscribe al Ministerio de Economía y Hacienda y que se compondrá de un Presidente y un número de vocales a determinar por vía reglamentaria[6].

Tanto el Presidente como los vocales deben ser funcionarios, no dice si de carrera o interinos, de cuerpos a los que se acceda con titulo de licenciado o grado y exige una previa experiencia profesional de 15 años en el ámbito del Derecho administrativo y a ser posible relacionado directamente con la contratación pública[7].

Estos miembros serán designados por el Consejo de Ministros a propuesta conjunta de los Ministros de Economía y Hacienda y de Justicia por un plazo de seis años que no podrá prorrogarse[8].

------

[6] Si bien la Disposición Transitoria Primera PLC señala que hasta tanto en cuanto no se determinen reglamentariamente, se compondrá de un Presidente y tres vocales.

[7] No aclara si esa experiencia ha de computarse por haber desempeñado trabajo como funcionario en una Administración o en el ámbito privado.

[8] La Disposición Adicional Primera PLC establece cómo se procederá a la primera renovación de los Tribunales al decir que "la primera renovación de los Tribunales se hará de forma parcial a los tres años del nombramiento. A este respecto, antes de cumplirse el plazo indicado se determinará, mediante sorteo, los que deban cesar.
En cualquier caso, cesado un vocal, éste continuará en el ejercicio de sus funciones hasta que tome posesión de su cargo el que lo haya de sustituir.
Con objeto de garantizar la eficacia del procedimiento de resolución de los recursos, la Secretaría de la Junta Consultiva de Contratación Administrativa prestará apoyo técnico y administrativo al Tribunal Central de Recursos contractuales. Para este fin, se dotará a la citada

Creemos que dicho plazo resulta excesivo y sería aconsejable su minoración, por ejemplo tres años, y admitirse una o varias prórrogas en los nombramientos.

El PLC desea mantener la independencia de este órgano y la inamovilidad de su composición dotándoles para ello de las mismas causas de remoción que a los miembros del Tribunal Constitucional. Si bien el PLC a diferencia de lo que sí reconoce la LOTC (art. 20) como el EBEP (art. 87) no considera que el nombramiento para formar parte del TACRC suponga la situación administrativa del funcionario de activo a la de servicios especiales por lo que puede ser un problema si no se garantiza la situación de estos miembros al terminar su mandato.

Por otro lado la Ley no considera como causa de remoción el cese de la condición de funcionario en la Administración de la que procede ni tampoco regula las causas de incompatibilidades por lo que habrá que estar a las comunes de todos los funcionarios.

Finalmente, la Disposición Adicional Primera del PLC prevé que en la medida que el número de recursos sometidos al conocimiento y resolución del TACRC lo exija se podrán constituir Tribunales Administrativos Territoriales de Recursos Contractuales con sede en cada una de capitales de Comunidad Autónoma.

Estos Tribunales tendrán competencia exclusiva para la resolución de los recursos especiales interpuestos contra los actos de la Administración Periférica del Estado que tengan competencia en todo o

---

Secretaría del personal técnico y administrativo necesario con conocimientos adecuados sobre la materia.
Reglamentariamente se determinará la forma en que se desarrollará el apoyo mencionado en el párrafo anterior, así como el modo en que serán asistidos técnica y administrativamente los Tribunales Territoriales que se creen".

parte del territorio de la correspondiente Comunidad Autónoma.

El nombramiento del Presidente de estos Tribunales se hará en los mismos términos previstos para el del TACRC, si bien sólo se le exigirán diez años de antigüedad. En cambio para los vocales que deban formar ese Tribunal no se dice ni cómo se designarán, ni la experiencia, ni el nivel de titulación requerido, remitiéndose a lo que se regule reglamentariamente, ahora bien, garantizándose en todo caso su independencia e inamovilidad.

3.2.- En las Comunidades Autónomas.

También en el ámbito de las CCAA se prevé crear un órgano independiente de similares características que en el caso anterior, si bien se permite que se trate de un órgano unipersonal o colegiado y, en este último caso el Presidente deberá ostentar cualificaciones jurídicas y profesionales análogas a las exigidas para el TACRC. Aquí la norma que desarrolle esta institución deberá preservar la independencia e inamovilidad de todos los miembros que lo compongan[9].

---

[9] El PLC establece la regulación transitoria hasta tanto no procedan las CCAA a regular sus propios órganos independientes. De esta forma, la Disposición Transitoria Segunda PLC establece que serán de aplicación las siguientes normas:
"a) Serán recurribles los actos mencionados en el artículo 310.2 de la Ley 30/2007, de 30 Octubre, de Contratos del Sector Público tal como queda redactado por esta Ley, cuando se refieran a alguno de los contratos que se enumeran en el apartado 1 del mismo artículo.
b) La competencia para la resolución de los recursos continuará encomendada a los mismos órganos que la tuvieran atribuida con anterioridad.
c) Los recursos se tramitarán de conformidad con lo establecido en los artículos 312 a 318 de la Ley 30/2007, de 30 Octubre, de Contratos del Sector Público tal como quedan redactados por esta Ley.

18

Lo curioso de estos órganos es que el PLC sin venir demasiado a cuento, por su ubicación en este precepto, permite la interposición de un recurso administrativo previo al recurso especial propiamente dicho.

Por otro lado, también prevé el PLC que puedan las CCAA, en vez de crear sus propios órganos de recurso, atribuir la competencia para conocer del recurso especial al TACRC[10].

3.3.- En las Corporaciones Locales.

Como hemos dicho más arriba cuando el órgano de contratación sea una Corporación Local la competencia se residencia en un órgano independiente creado por las Diputaciones Provinciales[11] o por la Comunidad Autónoma cuando ésta esté integrada por una sola provincia, con una particularidad para Canarias.

---

d) Las resoluciones dictadas en estos procedimientos serán susceptibles de recurso contencioso administrativo. Cuando las resoluciones no sean totalmente estimatorias o cuando siéndolo hubiesen comparecido en el procedimiento otros interesados distintos del recurrente, no serán ejecutivas hasta que sean firmes o, si hubiesen sido recurridas, hasta tanto el órgano jurisdiccional competente no decida acerca de la suspensión de las mismas".

[10] Las ciudades de Ceuta y Melilla podrán crear sus propios órganos ajustándose a los requisitos establecidos para las Diputaciones o bien atribuirla al TACRC.

[11] El PLC regula en su Disposición Adicional Segunda el régimen de los órganos provinciales competentes para resolver los recursos de las Corporaciones Locales y Entidades Contratantes adscritas a ellas, señalando al respecto que "en aquellas provincias en que el escaso número de recursos lo aconseje podrá constituirse, mediante acuerdo entre las Diputaciones, un órgano común para todas ellas, con sede en la localidad que acuerden. Dicho órgano, en todo caso, deberá reunir los requisitos previstos en el artículo 311.3 de la Ley 30/2007, de 30 de octubre, de Contratos del Sector Público".

La designación del titular se efectúa por el Consejo de Ministros a propuesta del Presidente de la Diputación, entre funcionarios juristas de reconocida competencia y con más de diez años de ejercicio profesional. Sin embargo, se deja la puerta abierta para que las Corporaciones Locales puedan atribuir la competencia de la resolución del recurso especial al TACRC en el ámbito de la Administración General del Estado. Lo que planteará el problema de la competencia para proceder a esa elección, esto es, si corresponderá al Pleno, al Alcalde o, en su caso, a la Junta de Gobierno Local de acuerdo con la reglas competenciales establecidas en la Disposición Adicional Segunda del LCSP.

Finalmente, el PLC establece reglas para la atribución de la competencia para resolver el recurso especial cuando el órgano de contratación sea poder adjudicador que no tenga la consideración de Administración Pública, en cuyo caso la competencia estará atribuida al órgano independiente que la ostente respecto de la Administración a que esté vinculada la entidad autora del acto recurrido.

No obstante, si la entidad estuviera vinculada con más de una Administración, se sigue el criterio del art. 37.4 *in fine* de la actual LCSP, es decir, que el recurso deberá interponerse ante el órgano que tenga atribuida la competencia respecto de la que ostente el control o participación mayoritaria y, con la novedad de que en caso de que todas o varias de ellas, ostenten una participación igual, se interpondrá el recurso ante el órgano que elija el recurrente de entre los que resulten competentes con arreglo a las normas de este apartado.

Respecto de la competencia en los contratos subvencionados, la competencia corresponderá al órgano independiente que ejerza sus funciones respecto de la Administración a que esté adscrito el ente u organismo que hubiese otorgado la subvención, o al que esté adscrita la entidad que la hubiese concedido, cuando ésta no tenga el carácter de Administración Pública. En el supuesto de concurrencia de subvenciones por parte de distintos sujetos del sector público, la competencia se determinará atendiendo a la subvención de mayor cuantía y, a igualdad de importe (ahora ya no se sigue el criterio de la primeramente concedida) ante el que el recurrente decida interponer el recurso de entre los que resulten competentes con arreglo a las normas de este párrafo.

4.- La impugnación de las resoluciones de los órganos de recurso.

El PLC sin darse cuenta prevé dos formas de impugnar las resoluciones que concluyan el procedimiento, atendiendo a la parte que lo impugna.

De esta forma y para el caso de que los recurrentes sean distintos del órgano de contratación, el PLC (art. 319) señala que frente a las resoluciones sólo cabrá recurso contencioso-administrativo[12]. Por

---

[12] Se modifica a estos efectos el art. 21.1 que in fine se refiere a las resoluciones del órgano de recurso, atribuyéndola al contencioso-administrativo. De esta forma, la redacción del precepto quedará de la siguiente manera: "1. El orden jurisdiccional contencioso-administrativo será el competente para resolver las cuestiones litigiosas relativas a la preparación, adjudicación, efectos, cumplimiento y extinción de los contratos administrativos. Igualmente corresponderá a este orden jurisdiccional el conocimiento de las cuestiones que se susciten en relación con la preparación y adjudicación de los contratos privados de las Administraciones Públicas y de los contratos sujetos a regulación armonizada, incluidos los contratos subvencionados a que se refiere el artículo 17 y de los contratos de servicios de las categorías 17 a 27 del Anexo II de cuantía igual o superior a 193.000 euros que pretendan concertar entes, organismos o entidades que, sin ser Administraciones Públicas, tengan la condición de poderes adjudicadores. También conocerá de

tanto, como ocurre hasta ahora con la LCSP ninguna novedad se ha incorporado en este punto. Sin embargo, sí se modifican ciertos artículos de la LJCA para establecer el órgano jurisdiccional que debe conocer de las pretensiones que se deduzcan según el órgano de recurso del que dimanen las resoluciones impugnadas.

Así, la Disposición Final Primera del PLC añade dos nuevas letras en el apartado uno del art. 10 LJCA, atribuyendo la competencia a los Tribunales Superiores de Justicia respecto de las resoluciones dictadas por órganos de recurso en relación con los contratos incluidos en el ámbito competencial de las Comunidades Autónomas o de las Corporaciones Locales, así como también las resoluciones dictadas por los Tribunales Administrativos Territoriales de Recursos Contractuales, reservando a la Audiencia Nacional las resoluciones dictadas por el Tribunal Administrativo Central de Recursos Contractuales. Si bien añade una incomprensible excepción en relación con la Audiencia Nacional con la remisión al apartado 10.1.h LJCA que hace pues éste se refiere a la competencia del TSJ respecto a las resoluciones dictadas con ocasión de "la prohibición o la propuesta de modificación de reuniones previstas en la Ley Orgánica 9/1983, de 15 de julio, Reguladora del Derecho de Reunión".

Como decíamos, se contempla otro modo de impugnación a través de la declaración de lesividad. De esta forma, el órgano de contratación o a quien corresponda su fiscalización cuando aquél no sea una Administración Pública puede iniciar el procedimiento para declarar lesivo el acuerdo dictado por el órgano de recurso en los términos del art. 103 LRJPAC para después impugnarlo en sede judicial.

---

los recursos interpuestos contra las resoluciones que se dicten por los órganos de resolución de recursos previstos en el artículo 311 de esta Ley".

Sin embargo, ya podemos avanzar que la AGE y las CCAA sí pueden iniciar un expediente de lesividad frente a sus órganos de recurso que creen al integrarse dentro de su organización administrativa[13], pero ello no es posible, al menos hasta este momento, cuando el órgano de recurso no forma parte o no se integra en la estructura administrativa de la Administración que pretende impugnar su resolución, como ocurrirá en todos los casos que el órgano de contratación sea una Corporación Local, ya que en estos casos debe procederse al requerimiento previo de acuerdo con lo dispuesto en el art. 44 LJCA dedicado al litigio entre Administraciones Públicas.

No obstante, si esta nueva concepción de la lesividad en el ámbito contractual de la Directiva 2007/66 excluye a la antigua[14], reflejada anteriormente, el órgano de contratación dispone de la posibilidad de suspender de plano los efectos de la resolución en base al art. 104 LRJPAC perfectamente aplicable en estos casos.

De otro lado, esta nueva concepción puede llevar aparejada más conflictos que soluciones pues puede ocurrir que siendo el recurso estimado parcialmente el recurrente impugne en vía contenciosa y el órgano de contratación inicie la declaración de lesividad al mismo tiempo.

---

[13] Como ocurre, por ejemplo, con las resoluciones dictadas por los Jurados Provinciales de Expropiación respecto de la Administración General del Estado.

[14] Esta parece la dirección que asume la futura LCSP pues, al tratar de los supuestos especiales de nulidad, que son para los contratos susceptibles de recurso especial, también reconoce que será el órgano independiente de recurso el competente para su declaración, si bien a diferencia del régimen común, estos supuestos especiales están sujetos a plazos mucho más breves de 30 días y 6 meses, según los casos.

5.- Las medidas cautelares.

El PLC dedica un precepto a las medidas cautelares (art. 313), separándose de la unidad de regulación que dispensa el art. 38 LCSP pues, el PLC contempla en dicho articulo las conocidas medidas provisionalísimas, es decir, aquellas que pueden pedirse antes de la interposición del recurso especial, regulando en otro precepto las que, en su caso, puedan solicitarse con ocasión de la presentación del recurso sin que la sistema actual incorpore ninguna novedad destacable aquí.

III. PROCEDIMIENTO.

1.- Anuncio previo.

Constituye una verdadera novedad y tiene como finalidad advertir al órgano de contratación, ya que se presenta necesariamente ante éste, la intención de impugnar un acto concreto.

El PLC señala que deberá hacerse este anuncio en el plazo de 15 días hábiles a contar desde el día siguiente a aquél en que se notifique o publique el acto de que se trate.

2.- Escrito de interposición.

El escrito de interposición constituye el verdadero recurso especial donde el recurrente debe hacer valer sus derechos cuyo contenido define la Ley[15]. Lo que no

---

[15] De acuerdo con el art. 314.2 "en él se hará constar el acto recurrido, el motivo que fundamente el recurso, los medios de prueba de que pretenda valerse el recurrente y, en su caso, las medidas cautelares de la misma naturaleza que las mencionadas en el artículo anterior, cuya adopción solicite".

está tan claro es cuando empieza a contar el plazo para interponer el recurso pues tal como indica el art. 314.2 será de quince días hábiles contados a partir del siguiente a aquel en que se remita la notificación del acto impugnado de conformidad con lo dispuesto en el artículo 135.4. Este último precepto se refiere a la adjudicación y obliga a que cuando el contrato adjudicado sea susceptible de recurso especial se indique en la oportuna notificación y en el perfil del contratante. Y decimos que no esta claro porque el art. 314.1 señala, como hemos dicho, que "todo aquel que se proponga interponer recurso contra alguno de los actos indicados en el artículo 310.1 y 2 deberá anunciarlo previamente mediante escrito especificando el acto del procedimiento que vaya a ser objeto del mismo, presentado ante el órgano de contratación en el plazo previsto en el apartado siguiente para la interposición del recurso".

Es decir, por un lado tenemos la obligatoriedad de anunciar al órgano de contratación nuestra intención de recurrir el acto que se trate y que la presentación del recurso, propiamente dicho, no puede presentarse hasta que se remita la notificación de la adjudicación del contrato. Algo está incompleto en esta redacción y esperemos que el texto definitivo aclare esta circunstancia. A no ser que en esos 15 días se deba efectuar tanto el anuncio previo como la presentación, lo cual tampoco parece que tenga mucho sentido.

Pero no toda la controversia termina aquí, el lío monumental se plantea con el apartado 3º del art. 314 que viene a decir que "no obstante lo dispuesto en el apartado anterior con respecto al cómputo del plazo para interponer el recurso:

a) Cuando el recurso se interponga contra el contenido de los pliegos y demás documentos contractuales, el cómputo se iniciará a partir del día siguiente a aquel en que los mismos hayan sido recibidos o puestos a disposición de los licitadores o candidatos para su conocimiento conforme se dispone en el artículo 142 de la LCSP.

b) Cuando se interponga contra actos de trámite adoptados en el procedimiento de adjudicación o contra un acto resultante de la aplicación del procedimiento negociado sin publicidad, el cómputo se iniciará a partir del día siguiente a aquel en que se haya tenido conocimiento de la posible infracción".

Si comparamos este apartado con los anteriores, pronto llegaremos a la conclusión, mejor dicho, a la confusión de si en todos estos casos es o no preceptivo el anuncio previo pues el apartado 3º se refiere al cómputo para presentar el recurso. Con lo que cabe cuestionarse si en la impugnación de estos actos la Ley ha querido que se interponga directamente el recurso o simplemente no ha tenido en cuenta el anuncio previo.

Entiendo que se trata de una confusión/omisión pues, el PLC exige expresamente que al escrito de interposición debe acompañarse necesariamente el justificante de haber presentado el anuncio previo, sin el cual el procedimiento queda en suspenso, aunque permitiendo su subsanación. La consecuencia práctica que se deriva es qué sentido tiene subsanar la omisión del anuncio previo para mostrar al órgano de contratación nuestra intención de recurrir cuando si se recibe por el órgano independiente de recurso le dará traslado a aquél y caso de presentarse ante el órgano de contratación desde el mismo momento no sólo conoce de la intención de recurso (finalidad del anuncio previo) sino también las razones en las que se fundamenta la impugnación.

Toda esta problemática dista mucho de la eficacia y eficiencia que se pretende conseguir con la transposición de la Directiva 66/2007 aunque, también hay que decirlo, se contempla en la propia Directiva el anuncio previo[16].

En nuestra opinión, creemos que el anuncio previo al recurso es un trámite innecesario pues, además de que no produce efecto alguno (pues incluso las medidas cautelares han de solicitarse al órgano competente de recurso, art. 313) desde un primer momento el recurrente conoce perfectamente las razones en las que justificar su impugnación, salvo, claro está que, por alguna razón, no conozca el contenido del expediente (como podría ocurrir en un negociado sin publicidad) o las razones por las cuales no ha resultado adjudicatario, pero en estos casos el derecho de acceso a la información permitiría obviar esa ausencia y en todo caso planteando el recurso, en apariencia ostenta un interés legítimo que le permite conocer el contenido del expediente, pudiéndose mejorar el fundamento de su pretensión a resultas del mismo (ya que en vía administrativa la tramitación del recurso así lo permite) o, incluso, en sede judicial.

3.- Lugar de presentación.

En cuanto al lugar de presentación del recurso, a diferencia del anuncio previo que siempre ha de hacerse ante el órgano de contratación, aquél puede presentarse en el registro del órgano independiente de recurso o ante el órgano contratante. Esta circunstancia es absolutamente importante pues, si no se presenta en estos registros específicos puede ocurrir que, presentándolo en otros, cuando llegue al del órgano de contratación o de recurso esté fuera de plazo con lo que puede entenderse extemporáneo ya que no resultaría

---

[16] Así el art. 1.4 de la Directiva 89/665/CEE, cuya redacción modifica la Directiva 2007/66/CE.

aplicable, a nuestro entender, el art. 38.4 LRJPAC de forma supletoria[17].

Se presente donde se presente, el órgano de contratación ha de remitir el expediente y un informe sobre la reclamación.

4.- Subsanación.

El PLC prevé la posible subsanación en caso de que el escrito de interposición se presente con defectos formales por falta, fundamentalmente, de la documentación que debe acompañarlo, produciendo el efecto de tener por desistido al recurrente si no subsana en el plazo de tres días hábiles y suspendiendo la tramitación hasta tanto se proceda a su subsanación[18].

El principal problema que plantea en este caso el problema de la subsanación lo es en realidad a la cuestión de que junto al escrito de interposición deba acompañarse el justificante de haber presentado el anuncio previo[19]. El PLC dice que se requerirá al

---

[17] El art. 314.4 PLC lo dice de manera muy clara al señalar que "la presentación del escrito de interposición deberá hacerse necesariamente en el registro del órgano de contratación o en el del órgano competente para la resolución del recurso...".

[18] Así el art. 314.5 de la futura LCSP dirá que "para la subsanación de los defectos que puedan afectar al escrito de recurso, se requerirá al interesado a fin de que, en un plazo tres días hábiles, subsane la falta o acompañe los documentos preceptivos, con indicación de que, si así no lo hiciera, se le tendrá por desistido de su petición, quedando suspendida la tramitación del expediente con los efectos previstos en el apartado 5 del artículo 42 de la Ley 30/1992, de 26 de noviembre, de Régimen Jurídico de. las Administraciones Públicas y del Procedimiento Administrativo Común".

[19] De esta forma el art. 314. 4 del PLC dice que "la presentación del escrito de interposición deberá hacerse necesariamente en el registro del órgano de contratación o en el del órgano competente para la resolución del recurso y se acompañará a él el justificante de haber dado cumplimiento a lo establecido en el apartado 1 de este artículo.

recurrente para que lo aporte en el plazo de tres días hábiles, no dándose curso al escrito. Pues bien, cabe plantearse aquí dos cuestiones, la primera, fácilmente resoluble, es si habiendo hecho el anuncio previo no lo aporta podrá subsanar fácilmente. En este caso como el anuncio se habrá hecho dentro del plazo de 15 días no habrá problema en subsanar. La segunda cuestión, más compleja, es si no se hizo el anuncio previo y presentado el escrito de interposición se requiere que se aporte el justificante habiendo transcurrido los 15 días hábiles que el PLC establece. En este supuesto, podemos hacer dos interpretaciones; la primera, es que al no hacerlo no pueda subsanarse pues el PLC exige que se haga en un plazo muy concreto y a contar, según los casos, respecto de determinados actos; la segunda, que a pesar de ello pueda presentar el anuncio previo y aportar el justificante acto seguido. Al no resolver expresamente el PLC este conflicto será la futura interpretación de los Tribunales la que hará buena una u otra dirección.

En todo caso, podría cuestionarse si sería aplicable aquí la rehabilitación de plazos que regula el art. 76.3 LRJPAC.

5.- Efectos.

El PLC bajo la rúbrica *"efectos derivados de la interposición del recurso"* (art. 315), que más que efectos sólo produce uno, que ya prevé la LCSP, y únicamente provocará la suspensión automática del procedimiento de contratación cuando el acto recurrido sea la adjudicación.

Sin este justificante no se dará curso al escrito de interposición, aunque su omisión podrá subsanarse de conformidad con lo establecido en el apartado siguiente".

Tal vez la rúbrica debiera cambiar pues, como vemos no produce, la interposición, ningún otro efecto.

La novedad en este punto es que ya no se distingue entre la adjudicación provisional ni definitiva. De hecho el PLC suprime esta distinción instaurada por la LCSP como tiempo obligatorio de espera que ahora queda relegado al tiempo que media entre la adjudicación y la formalización del contrato[20]. Aunque conviene apuntar aquí que el Proyecto de Ley de Economía Sostenible todavía mantiene esta distinción por lo que habrá que estar a la tramitación parlamentaria para ver cuál de las dos versiones permanece. Hasta tanto y fijándonos en el PLC cuando se alude a la palabra *adjudicación* debe dársele el sentido de definitiva, de ahí que si se impugna la adjudicación se suspenda la tramitación del expediente de contratación de manera automática hasta que el órgano independiente resuelva su alzamiento de modo expreso o resuelva el recurso.

6.- Tramitación del procedimiento.

En cuanto a la tramitación del recurso especial, el PLC se remite a la LRJPAC con las salvedades que aquél contempla (art. 316) donde trata de preservarse el principio de contradicción y audiencia a todos los implicados, resolviendo las medidas cautelares planteadas con ocasión del recurso y también sobre la suspensión automática si ésta se hubiere producido como consecuencia de haberse recurrido la

---

[20] Ahora el procedimiento, en síntesis, es el siguiente: desde que es seleccionado (10 días hábiles para aportar los documentos justificativos de estar al corriente de las obligaciones tributarias y de la seguridad social, aportación de medios que se hubiere obligado adscribir para la ejecución y, en su caso, constitución de la garantía definitiva) y se procede a la adjudicación (dentro de 5 días hábiles posteriores a la recepción de la documentación) y, finalmente, la formalización del contrato no podrá hacerse hasta que hayan transcurrido 15 días hábiles desde que se adjudicó el contrato

adjudicación del contrato, manteniéndose la misma hasta que se resuelva de forma expresa sobre dicha suspensión automática. Además de reconocerse de forma expresa la posible existencia de periodo probatorio con una redacción similar a los arts. 80 y 81 LRJPAC, lo más destacable aquí es el tratamiento que el PLC dedica a la confidencialidad y protección de los secretos comerciales haciéndolo conjugar con el derecho de defensa de los perjudicados cuyas consecuencias prácticas están aún por venir.

Por lo demás, se recuerda lo que ya establece la LCSP de que la suspensión del procedimiento, caso de que se hayan solicitado medidas cautelares y no se refiera a la impugnación de la adjudicación, no afectará a la presentación de ofertas, además de que la adopción de medidas cautelares puede llevar aparejada para su efectividad que el recurrente preste caución o garantía.

Sin embargo, es curioso que el PLC que regula a grandes rasgos la tramitación, al menos en sus hitos más trascendentales, no contemple el trámite de audiencia cuando se hubiera practicado prueba a fin de que los interesados pudieran sopesar, a resultas de la prueba practicada, sus conclusiones antes de que el órgano de recurso emita su resolución. Esta omisión podrá salvarse perfectamente con la aplicación de la LRJPAC que, de acuerdo con el PLC, tiene aplicación a estos procedimientos de recurso.

7.- Resolución.

La resolución que recaiga se notificará a todos los interesados y podrá ser estimatoria, total o parcial, desestimatoria o declarará su inadmisión.

Lo más interesante del contenido de la resolución son los posibles pronunciamientos que podrá realizar el órgano de recurso ya que de acuerdo con el PLC podría anular las decisiones ilegales adoptadas durante el procedimiento de adjudicación, incluyendo la supresión de las características técnicas, económicas o financieras discriminatorias contenidas en el anuncio de licitación, anuncio indicativo, pliegos, condiciones reguladoras del contrato o cualquier otro documento relacionado con la licitación o adjudicación, así como, si procede, sobre la retroacción de actuaciones.

Por otro lado, no se atribuye al órgano de recurso la facultad de adjudicar el contrato a otro licitador ahora bien, también es cierto que como consecuencia de la resolución dictada el órgano de contratación se vea obligado a adjudicárselo a otro licitador pero será, en todo caso, el órgano de contratación quién lo efectúe y no el órgano de recurso[21].

Además, el órgano de recurso puede reconocer al recurrente una indemnización de acuerdo, en la medida de lo posible, con los criterios de la LRJPAC, si bien se requiere que el recurrente lo hubiera solicitado previamente. Caso de que sea procedente indemnizar el PLC establece el *quantum* mínimo que consistirá en los gastos ocasionados por la preparación de la oferta o la participación en el procedimiento de contratación. Por tanto, el momento para solicitar esta indemnización debería ser el escrito de interposición acompañando a esta reclamación los documentos que acrediten los daños sufridos por la vulneración de la normativa que hubiese dado lugar al recurso.

---

[21] Así se deduce del nuevo art. 317.2 párrafo 2º al señalar que "si como consecuencia del contenido de la resolución fuera preciso que el órgano de contratación acordase la adjudicación del contrato a otro licitador, se concederá a este un plazo de diez días hábiles para que cumplimente lo previsto en el apartado 2 del artículo 135".

Finalmente, se exige que la resolución declare el levantamiento de la suspensión en el supuesto de que el acto impugnado fuera la adjudicación y aquélla continuare durante la sustanciación del procedimiento impugnatorio. Además, también se procederá al levantamiento de las restantes medidas cautelares acordadas y a la devolución, en su caso, de las garantías fijadas para la adopción de las cautelares solicitadas.

8.- Efectos de la resolución.

El PLC dedica un artículo a los *efectos de la resolución* dictada (art 319) por el órgano independiente de recurso. Sin embargo, salvo para decir que son directamente ejecutivas y resultar de aplicación el art. 97 LRJPAC, se dedica a decirnos cómo se impugnan sus decisiones las cuales ya hemos tratado con anterioridad al hablar de los órganos independientes de recurso por lo que nos remitimos a lo ya dicho.

Sin embargo, interesa al menos poner de manifiesto un efecto que se va a producir o mejor puede llegar a ocurrir en el futuro cuando empiecen a operar estos órganos independientes. Así, nos enfrentamos a un nuevo mundo de posibilidades en torno a las indemnizaciones de responsabilidad patrimonial como consecuencia de las resoluciones dictadas por estos órganos independientes pues, a nadie se le escapa que siendo ejecutivas sus resoluciones, se ha de hacer lo que se diga en las mismas pero que si son impugnadas y luego resulta que estas decisiones eran erróneas, siempre que se den los requisitos del art. 139 y ss. LRJPAC, existirá una lesión indemnizable que deberá hacerse valer ante la Administración que causó el daño. Si la resolución del órgano independiente es confirmatorio de la del órgano de contratación éste será el responsable de la lesión con toda probabilidad, pero si se aparta de la decisión impugnada y el Juzgado da la razón al recurrente en contra de la decisión del órgano de recurso éste y, por ende, la Administración en la que se integra serán los causantes de la lesión y por ello se les podrá exigir la responsabilidad patrimonial en virtud del principio quién la hace la paga.

Por otro lado, no entendemos la remisión única y exclusivamente al art. 97 que regula la vía de apremio como no sea el de obligar a la Administración a efectuar los pagos de posibles indemnizaciones que se le impongan a los órganos de contratación, lo que permitirá repercutir sobre los verdaderos responsables de la lesión (art. 145 LRJPAC y arts. 19 a 21 RD 429/1993, 26 de marzo), dejándose otros medios de ejecución forzosa más efectivos cuando el órgano de contratación sea reticente al cumplimiento íntegro de las resoluciones que se dicten.

IV. CONCLUSIONES

A lo largo de estas líneas hemos tratado de exponer las novedades más interesantes que se avecinan en relación a los contratos susceptibles del recurso especial, un recurso que ya instauró la LCSP en su momento y que ahora, el Proyecto de Ley de reforma de la LCSP trata de adaptar a la Directiva de Recursos, introduciendo importantes modulaciones.

Así, merece destacarse el anuncio previo como modo necesario de iniciar el procedimiento de impugnación, las peculiaridades procedimentales más relevantes, la creación del órgano independiente de recurso cuyas decisiones son vinculantes para el órgano de contratación con amplias facultades en torno al procedimiento seguido para la adjudicación de un contrato y, finalmente, la nueva concepción de la lesividad como medio normal de impugnar las resoluciones de dichos órganos cuando el recurrente sea el órgano de contratación.

De otra parte, hemos planteado las primeras consecuencias prácticas que pueden derivarse de la aprobación definitiva del texto legal objeto de este capítulo, cuya andadura no ha hecho más que empezar pero que, desde luego, dará mucho que hablar estando por ver la efectividad la mayoría de las modificaciones que se pretenden llevar a cabo.

CAPÍTULO 2: EL RELANZAMIENTO DEL CONTRATO DE COLABORACIÓN ENTRE EL SECTOR PÚBLICO Y EL SECTOR PRIVADO.

I.- INTRODUCCIÓN.

Tal y como ha señalado la reciente Comunicación de la Comisión Europea de 19 de noviembre de 2009, para hacer frente a la crisis económica y financiera, la Unión Europea y los Estados Miembros están aplicando planes de recuperación ambiciosos destinados a estabilizar el sector financiero y limitar los efectos de la recesión sobre los ciudadanos y la economía real. La inversión en proyectos de infraestructuras es un medio importante para mantener la actividad económica durante la crisis y favorecer la rápida vuelta a un crecimiento económico sostenido[22].

---

[22] Un ejemplo claro del esfuerzo inversor en materia de infraestructuras que han realizado los Estados Miembros para salir de la crisis lo encontramos en los Fondos Estatales de Inversión Local aprobados por el Gobierno de España, de momento dos, de 8.000 y 5.000 millones de euros respectivamente, que tuvieron como objetivo fundamental crear empleo, reducir el déficit en gasto corriente de las EE. LL. e impulsar inversiones en proyectos que contribuyan a la sostenibilidad económica, social y ambiental. Sin entrar, por otro lado, en el detalle de los mismos, dichos Fondos han supuesto un choque directo con los principios comunitarios de libertad de circulación y establecimiento, del libre mercado y de libre competencia, tratando de favorecer inversiones locales promoviendo adjudicaciones a través de procedimientos negociados o mecanismos *in house* que representan, en definitiva, un proceso de renacionalización y de proteccionismo totalmente opuesto a lo que se espera de una UE fuerte y cohesionada. Todo ello sin tener en cuenta que, aún cuando el valor de un contrato no alcance el umbral de aplicación de las Directivas de contratos públicos, las entidades contratantes que lo celebren estarán obligadas a respetar los principios generales del Derecho comunitario tales como el principio de igualdad de trato y la obligación de transparencia que deriva de aquél, tal y como establece la STJCE de 14 de junio de 2007, entre muchas otras y la Comunicación interpretativa de la Comisión sobre el derecho comunitario aplicable en la adjudicación de contratos no

En el contexto de estos esfuerzos de recuperación, la colaboración público-privada (en adelante, CPP) puede ofrecer fórmulas efectivas para llevar a cabo proyectos de infraestructuras, facilitar servicios públicos y, de manera más general, innovar. Al mismo tiempo, este tipo de colaboración es un vehículo interesante para el desarrollo estructural a largo plazo de infraestructuras y servicios, ya que aúna las ventajas características del sector público y del sector privado. En otras palabras, y utilizando la clásica definición proporcionada por el *Canadian Council for Public-Private Partnerships*, los CPP representan una "asociación entre los sectores público y privado, que se fundamenta en la capacidad de cada parte para cumplir de la mejor manera posible ciertas necesidades públicas a través del adecuado reparto de recursos, riesgos y compensaciones"[23].

A lo largo de estas líneas trataremos de abordar, más allá del escaso tratamiento normativo que están recibiendo los CPP a nivel comunitario, el impulso que tanto desde las Instituciones de la UE como desde el Estado español se le quiere dar a esta fórmula asociativa de colaboración para hacer de ella el verdadero marco de referencia de los futuros contratos públicos.

II.- LA COLABORACIÓN PÚBLICO-PRIVADA A NIVEL EUROPEO.

Como bien es sabido, no existe a nivel comunitario una regulación formal de los CPP en el marco de las Directivas Comunitarias reguladoras de la

---

cubiertos o sólo parcialmente cubiertos por las Directivas sobre contratación pública.

[23] Las definiciones y modelos de CPPs elaboradas por el *Canadian Council* están en: http://www.pppcouncil.ca/aboutPPP_definition.asp

materia[24]. No obstante, no son pocos los Estados Miembros que se han apresurado a positivizar una práctica ampliamente extendida, no solo en Europa, sino también en el resto del mundo a través de diferentes fórmulas asociativas, conocidas tradicionalmente como *Public Private Partnership*[25] (PPP) o Asociaciones Público Privadas (APP). En esta línea se pronunció la propia Comisión Europa según la cual: "La expresión «colaboración público-privada» carece de definición en el ámbito comunitario. En general, se refiere a las diferentes formas de cooperación entre las autoridades públicas y el mundo empresarial, cuyo objetivo es garantizar la financiación, construcción, renovación, gestión o el mantenimiento de una infraestructura o la prestación de un servicio"[26].

Asimismo, según el propio Banco Europeo de Inversiones, "el término colaboración público privada se utiliza con frecuencia desde los años noventa; no obstante, no existe un modelo europeo único de CPP"[27].

---

[24] Concretamente las Directivas 2004/17/CE del Parlamento Europeo y del Consejo, de 31 de marzo de 2004, sobre la coordinación de los procedimientos de adjudicación de contratos en los sectores del agua, de la energía, de los transportes y de los servicios postales, y la Directiva 2004/18/CE del Parlamento Europeo y del Consejo, de 31 de marzo de 2004, sobre coordinación de los procedimientos de adjudicación de los contratos públicos de obras, de suministro y de servicios.

[25] *Partnership*, de forma general, se puede traducir por asociación. En el caso particular de la Economía y la empresa, *partnership* es una organización comercial típica del mundo anglosajón; equivale parcialmente, en algunas ocasiones, a una sociedad colectiva, sociedad civil o a una comunidad de bienes. En cualquier caso, se debe tener presente la idea de colaboración entre los sectores público y privado implícita. En ocasiones se traduce por el neologismo partenariado, con el fin de intentar una traducción más próxima al término original.

[26] Comisión Europea (2004): "Libro Verde sobre la colaboración público-privada y el Derecho Comunitario en materia de contratación pública y concesiones", Punto 1.1.1.

[27] Comité Económico y Social Europeo (2005): "El papel del BEI en el ámbito de la colaboración público-privada (CPP) y el impacto en la problemática del crecimiento": Punto 3.1.1.

En este sentido y aunque desde diferentes instancias europeas se han hecho esfuerzos por sensibilizar a los órganos decisorios de la UE sobre la necesidad de "que se defina con precisión el concepto de colaboración público-privada (como, por ejemplo, el significado exacto de términos como «CPP contractual» o «CPP institucionalizada») y se haga una posible distinción entre CPP a nivel europeo y CPP a nivel nacional e infranacional" no existe hasta la fecha actual una definición institucional en toda regla que pueda servir de modelo a los diferentes Derechos internos de la Unión[28].

Aún así, la propia Comisión Europea ha apuntado en su "Libro Verde sobre la colaboración público-privada y el Derecho Comunitario en materia de contratación pública y concesiones" cuatro características de los CPP que pueden resumirse en[29]:

1.- La duración relativamente larga de la relación, que implica la cooperación entre el socio público y el privado en diferentes aspectos del proyecto que se va a realizar.

2.- El modo de financiación del proyecto, en parte garantizado por el sector privado, en ocasiones a través de una compleja organización entre diversos participantes. No obstante, la financiación privada puede completarse con financiación pública, que puede llegar a ser muy elevada.

3.- El importante papel del operador económico, que participa en diferentes etapas del proyecto (diseño,

---

[28] COMITÉ DE LAS REGIONES (2007): "Comunicación de la Comisión al Parlamento Europeo, al Consejo, al Comité Económico y Social Europeo y al Comité de las Regiones sobre colaboración público-privada y Derecho comunitario en materia de contratación pública y concesiones": Observación 2.3.
[29] Punto 1.1.2, véase nota 5.

realización, ejecución y financiación). El socio público se concentra esencialmente en definir los objetivos que han de alcanzarse en materia de interés público, calidad de los servicios propuestos y política de precios, al tiempo que garantiza el control del cumplimiento de dichos objetivos.

4.- El reparto de los riesgos entre el socio público y el privado, al que se le transfieren aquéllos que habitualmente soporta el sector público. No obstante, las operaciones de CPP no implican necesariamente que el socio privado asuma todos los riesgos derivados de la operación, ni siquiera la mayor parte de ellos. El reparto preciso de los mismos se realiza caso por caso, en función de las capacidades respectivas de las partes en cuestión para evaluarlos, controlarlos y gestionarlos.

Con todo lo anterior, la Comisión Europea ha roto de nuevo una lanza en favor de los CPP al redactar la Comunicación al Parlamento Europeo, al Consejo, al Comité Económico y Social Europeo y al Comité de las Regiones, denominada "Movilizar las inversiones públicas y privadas con vistas a la recuperación y el cambio estructural a largo plazo: desarrollo de la colaboración público-privada"[30] estableciendo que, aunque el objetivo primordial de los CPP debe ser promover la eficiencia de los servicios públicos a través de la distribución de riesgos y el aprovechamiento de los conocimientos y la experiencia del sector privado, también puede aliviar las presiones inmediatas sobre las finanzas públicas al ofrecer una fuente de capital adicional. A su vez, la participación del sector público en un proyecto puede ofrecer garantías importantes para los inversores privados, especialmente la estabilidad de los flujos de capital a largo plazo procedentes de las finanzas públicas, así como la

---

[30] COM (2009) 615 final.

incorporación de importantes ventajas sociales o medioambientales a un proyecto.

Consecuentemente, continúa la Comisión, la combinación de capacidades, así como de fondos públicos y privados representados en un CPP, puede ayudar al proceso de recuperación y a desarrollar mercados que constituirán la base de la prosperidad económica europea en el futuro. Ahora bien, concluye, justo en el momento en que la utilización más sistemática de la colaboración público-privada aportaría unas ventajas considerables, la crisis dificulta la utilización de este instrumento. Aunque ya parece haber algunos signos de recuperación, el volumen y el valor de los proyectos que se contratan actualmente sigue estando muy por debajo de los niveles anteriores a la crisis[31]. Por ello es todavía más urgente e importante estudiar nuevas formas de apoyo al desarrollo de este tipo de colaboraciones público-privadas.

III.- LA IMPORTANCIA DEL CPP COMO INSTRUMENTO EFICAZ PARA SALIR DE LA CRISIS.

Habida cuenta del enorme potencial que representan los CPP para soslayar las restricciones del periodo de crisis que actualmente estamos viviendo, no es ilógico pensar que desde la propia Comisión Europea se apunten algunas de sus fortalezas de cara a que los Estados Miembros definitivamente se decidan a apostar por esta fórmula asociativa para implementar sus políticas públicas en materia de grandes infraestructuras y de servicios complejos.

---

[31] Según un estudio del Centro Europeo Experto en Colaboración Público-Privada (EPEC) de octubre de 2009, en los 9 primeros meses de 2009 se registró, respecto al año anterior, una bajada de alrededor del 30 % (en número y en volumen) de las CPP que llegaban a la fase de cierre financiero.

Los puntos fuertes de los CPP señalados por la Comisión Europea para resaltar su eficacia en la gestión de proyectos se pueden resumir en siete:

1. Mejoran la ejecución de los proyectos, habiéndose demostrado que la mayoría de los proyectos realizados en régimen de colaboración público-privada respetan los plazos y los presupuestos[32].

2. Consiguen un mayor rendimiento económico de las infraestructuras, aprovechando la eficiencia y el potencial innovador de un sector privado competitivo para reducir los costes o conseguir mejores índices calidad/precio[33].

3. Reparten el coste de financiación de la infraestructura a lo largo de toda la vida útil del activo, lo que reduce las presiones inmediatas sobre los presupuestos del sector público y permiten adelantar varios años la finalización de

---

[32] Un informe reciente (octubre 2009) de la *National Audit Office* (NAO) en el Reino Unido actualiza el *PFI construction performance report* de 2003. Este informe confirma que, en general, la colaboración público-privada funciona mejor que las adjudicaciones de contratos convencionales en lo que respecta al presupuesto (65 % de proyectos de iniciativa de financiación privada – PFI) y a la prestación puntual (69 %). Los excesos de costes constatados se debieron a la autoridad o a terceras partes en el 90 % de los casos. Por añadidura, el 91 % de los proyectos finalizados fueron calificados por los principales usuarios como muy buenos o bastante buenos en términos de construcción, calidad y concepción.

[33] Los resultados de un estudio mundial sobre el impacto de la participación del sector privado en la distribución de agua y electricidad, elaborado en mayo de 2009 y denominado *"Does Private Sector Participation Improve Performance in Electricity and Water Distribution?"*, demuestran que el sector privado cumple las expectativas de mayor productividad laboral y eficiencia operacional si interviene en los proyectos de la mano del sector público a través de las diferentes fórmulas que el CPP prevé. El informe está disponible en: http://www.ppiaf.org/content/view/480/485/.

los proyectos de infraestructuras y los beneficios que conllevan.

4. Mejoran la distribución de riesgos entre los participantes públicos y privados. Siempre que se distribuya adecuadamente, una gestión del riesgo más eficiente reduce el coste total de los proyectos.

5. Impulsan los esfuerzos en materia de viabilidad, innovación e investigación y desarrollo a fin de conseguir los grandes avances necesarios para encontrar nuevas soluciones a los retos socioeconómicos que afronta la sociedad.

6. Ofrecen al sector privado un papel fundamental en el desarrollo y la aplicación de estrategias a largo plazo para grandes programas industriales, comerciales y de infraestructuras.

7. Amplían las cuotas de mercado de las empresas europeas en el ámbito de la contratación pública en los mercados de terceros países. Gracias a la concesión de licencias de construcción, operación y transferencia (BOT) para obras así como a la concepción de soluciones *ad hoc*, las empresas europeas de servicios y obras públicas pueden obtener contratos importantes en determinados mercados de nuestros principales socios comerciales referentes, por ejemplo, a la construcción y gestión de aeropuertos y autopistas o a la distribución y el tratamiento de aguas.

En este sentido, no es difícil entender el enorme impulso que desde la UE se le quiere dar a los CPP, independientemente de que, al no haber previsto dicha figura en la Directiva de contratos públicos, cada Estado Miembro que los utilice podrá hacerlo en los términos que prevea su legislación nacional, con el riesgo que, en definitiva, eso supone[34].

IV.- MEDIDAS IMPULSADAS POR ESPAÑA PARA REFORZAR EL PAPEL DE LOS CPP EN LA CONTRATACIÓN PÚBLICA.

En España, aunque si bien es cierto que la aparición de los CPP no es consecuencia directa de la transposición de la Directiva 2004/18/CE del Parlamento Europeo y del Consejo, de 31 de marzo de 2004, sobre coordinación de los procedimientos de adjudicación de los contratos públicos de obras, de suministro y de servicios[35], sí que lo es de la voluntad del Gobierno español manifestada a través de la Resolución de 1 de abril de 2005, de la Subsecretaría del Ministerio de la Presidencia, por la que se dispone la publicación del Acuerdo del Consejo de Ministros, de 25 de febrero de 2005, por el que se adoptan mandatos

---

[34] Para profundizar en los aspectos positivos y negativos de los CPP en el ordenamiento jurídico español se puede acudir a COLÓN DE CARVAJAL FIBLA, B. "El contrato de colaboración entre el sector público y el sector privado: una aproximación a su verdadera utilidad", Revista Práctica de Contratación Administrativa, abril 2009.

[35] Esta Directiva ha sido modificada por la Directiva 2005/51/CE de la Comisión, de 7 de septiembre de 2005, por la Directiva 2005/75/CE del Parlamento Europeo y del Consejo, de 16 de noviembre de 2005 y por la Directiva 2006/97/CE del Consejo, de 20 de noviembre de 2006. Y, en particular, por el Reglamento (CE) nº 1422/2007 de la Comisión, de 4 de diciembre de 2007, por el que se modifican las Directivas 2004/17/CE y 2004/18/CE del Parlamento Europeo y del Consejo en lo que concierne a los umbrales de aplicación en los procedimientos de adjudicación de contratos; y por el Reglamento (CE) nº 213/2008 de la Comisión, de 28 de noviembre de 2007, que modifica el Reglamento (CE) nº 2195/2002 del Parlamento Europeo y del Consejo, por el que se aprueba el Vocabulario común de contratos públicos (CPV), y las Directivas 2004/17/CE y 2004/18/CE del Parlamento Europeo y del Consejo sobre los procedimientos de los contratos públicos, en lo referente a la revisión del CPV, que sustituye los cuadros de los Anexos I, IIA y 2B de la Directiva 2004/18 por el texto que figura en los Anexos V, VI y VII de dicho Reglamento.

para poner en marcha medidas de impulso a la productividad, cuyo mandato nº 44 establece concretamente: "El Ministerio de Economía y Hacienda incorporará en el anteproyecto de Ley de Contratos del Sector Público por el que se transpondrá la Directiva 2004/18/CE, además de las normas necesarias para la completa y correcta transposición de la directiva al derecho interno, una regulación de los contratos de colaboración entre el sector público y el privado..."

Sea como fuere, el hecho es que a nivel normativo, es el art. 11 de la Ley 30/2007, de 30 de octubre, de Contratos del Sector Público (en adelante LCSP) la que prevé en nuestro ordenamiento jurídico el "contrato de colaboración entre el sector público y el sector privado", caracterizándolo como una verdadera fusión de los demás contratos típicos pero dotándole, a la postre, de su propia regulación y aspectos diferenciadores que lo hacen especial en relación con los demás[36]. De ahí que no sean pocos los autores que

---

[36] Según el citado art. 11 de la LCSP, son contratos de colaboración entre el sector público y el sector privado aquellos en que una Administración Pública encarga a una entidad de derecho privado, por un período determinado en función de la duración de la amortización de las inversiones o de las fórmulas de financiación que se prevean, la realización de una actuación global e integrada que, además de la financiación de inversiones inmateriales, de obras o de suministros necesarios para el cumplimiento de determinados objetivos de servicio público o relacionados con actuaciones de interés general, comprenda alguna de las siguientes prestaciones:

   a) La construcción, instalación o transformación de obras, equipos, sistemas, y productos o bienes complejos, así como su mantenimiento, actualización o renovación, su explotación o su gestión.

   b) La gestión integral del mantenimiento de instalaciones complejas.

   c) La fabricación de bienes y la prestación de servicios que incorporen tecnología específicamente desarrollada con el propósito de aportar soluciones más avanzadas y económicamente más ventajosas que las existentes en el mercado.

empiezan a pensar en él no como un verdadero contrato administrativo, sino más bien como una técnica nueva de contratar, una fórmula contractual que permite aprovecharse de las ventajas de ser, nominativamente un contrato típico y, en la práctica, una combinación de todos los demás[37].

Como se desprende de la definición anteriormente expuesta[38], no es solo uno el modelo de CPP existente, sino que se adapta, a través de las necesidades de cada Administración, a los requerimientos precisos para llevar a cabo un proyecto público. Así pues, y desde un punto de vista práctico, podemos sistematizar la tipología de los diferentes CPPs según los términos que se reflejan en los acuerdos público-privados y la combinación de tareas en ellos recogidas. Dichas tareas son, fundamentalmente: *Design* (diseñar), *Build* (construir), *Finance* (financiar), *Operate* (gestionar), *Own* (poseer), *Mantain* (mantener) y *Transfer* (transferir).

La combinación de las anteriores funciones origina multitud de fórmulas que permiten ese reparto, de tal

---

  d) Otras prestaciones de servicios ligadas al desarrollo por la Administración del servicio público o actuación de interés general que le haya sido encomendado.

[37] Postura mantenida, entre otros, por JIMÉNEZ DÍAZ, A. (2008): "El contrato de colaboración público-privada y el contrato de concesión (en la nueva Ley de Contratos del Sector Público)", Diario La Ley, núm. 6934.

[38] Otras definiciones precisas del término CPP las encontramos, por ejemplo, en *Standard&Poors CPP Credit Survey* (2005), JUAN LOZANO, A. M y RODRÍGUEZ MÁRQUEZ, J.: "La Colaboración Público-Privada en la financiación de las infraestructuras o servicios públicos. Una aproximación desde los principios jurídico-financieros", IEF, 2006, pág. 35; o CONCHA JARAVA, M.: "La participación público-privada en la ejecución de las infraestructuras", en Reflexiones sobre el contrato de concesión de obra pública, Hispalex, Sevilla, 2005, pág 52.

forma que nos podemos encontrar, en síntesis, con las siguientes categorías de CPPs[39]:

1.- Modelo BOT. (*Build, Operate, Transfer*): Donde el sector privado se compromete a construir un proyecto diseñado por la propiedad del mismo (en el caso de infraestructuras públicas, la Administración Pública), buscando para ello la financiación necesaria, y a explotarlo durante un periodo de tiempo, fijo o variable, acordado contractualmente. Trascurrido dicho plazo, el derecho a explotar el proyecto revierte de nuevo a la propiedad, que puede decidir seguir explotándolo por sí misma o volver a transferirlo al sector privado.

2.- Modelo BOOT. (*Build, Own, Operate, Transfer*): Es un sistema básicamente igual que el anterior, pero con la diferencia de que lo construido pasa a ser propiedad del sector privado que lo explota hasta el momento en que revierte, lo que se traduce en una mayor garantía para dicho consorcio.

3.- Modelo BOO. (*Build, Own, Operate*): La diferencia con el modelo anterior es que en este sistema no se produce la transferencia final de los activos, generalmente porque su periodo estimado de vida útil coincide aproximadamente con el tiempo de explotación necesario para financiar la construcción y operación del mismo.

4.- Modelo DBFO. (*Design, Build, Finance, Operate*): Este mecanismo es muy parecido al modelo

---

[39] Cabe decir que aquí sólo se exponen de forma somera los diferentes tipos de CPPs desde un enfoque de las formas tradicionales de contratación, dejando, pues, a un lado, las formas de participación privada en la construcción de activos, en la operación de los servicios y en su financiación. Para un análisis más riguroso, acudir a HUERTA BARAJAS, J. A.: "Contratos de Colaboración entre el sector público y el sector privado en los programas y contratos de Defensa", RPCA, septiembre de 2008, págs. 42 y 43.

BOT, con la diferencia que en este caso el sector privado debe asumir también el diseño del proyecto. La propiedad de los activos permanece en todo momento en manos de la Administración Pública, remunerando ésta al consorcio privado encargado de explotar el proyecto a través de la modalidad de peaje sombra.

Por otro lado, y al calor de las diferentes reformas legislativas que el actual Gobierno de España se está planteando llevar a cabo para salir de la crisis, podemos comprobar cómo el CPP español va a salir reforzado de las mismas, en total sintonía con la Comunicación de la Comisión Europea de 19 de noviembre de 2009 de la que antes hablábamos, al configurarse formalmente como un potente instrumento capaz de conjugar la idiosincrasia de las Administraciones Públicas en la realización de grandes proyectos con la experiencia del sector privado en la gestión de los mismos[40].

---

[40] Debemos decir, no obstante, que en el marco de la profunda crisis financiera que nuestro país está viviendo actualmente, el Gobierno aprobó el Real Decreto Ley 8/2010, de 20 de mayo, por el que se adoptan medidas extraordinarias para la reducción del déficit público, cuyo art. 16 establece literalmente que: "En el ámbito del Sector Público Estatal, antes de autorizar un contrato de colaboración entre el sector público y el sector privado, así como un contrato de concesión de obra pública, tipificados en la Ley 30/2007, de 30 de octubre, cuyo valor estimado exceda de doce millones de euros, será preceptivo y vinculante un informe del Ministerio de Economía y Hacienda que se pronuncie sobre las repercusiones presupuestarias y compromisos financieros que conlleva, así como sobre su incidencia en el cumplimiento del objetivo de estabilidad presupuestaria, según lo establecido en el texto refundido de la Ley General de Estabilidad Presupuestaria, aprobado por Real Decreto Legislativo 2/2007, de 28 de diciembre. A tal efecto, el órgano de contratación deberá proporcionar información completa acerca de los aspectos financieros y presupuestarios del contrato, incluyendo los mecanismos de captación de financiación y garantías que se prevea utilizar, durante toda la vigencia del mismo, así como, en su caso, el documento de evaluación previa a que se refiere el artículo 118 de la Ley de Contratos del Sector Público".

La primera de las reformas a la que nos venimos refiriendo es la que se va a producir por la Ley de Economía Sostenible[41] (en adelante, LES), que tiene como objetivo fundamental impulsar un cambio de modelo económico en nuestro país a través de tres grandes pilares estratégicos: la mejora del entorno económico, el impulso de la competitividad y la apuesta por la sostenibilidad medioambiental, siendo en el primero de dichos ejes donde se ubican los cambios que se quieren realizar en materia de CPP.

Así pues, debemos mencionar en primer lugar, el art. 38 de la citada LES, denominado "Del impulso a la eficiencia en la contratación pública y financiación de la colaboración público-privada" y cuyo contenido, más allá de ser prácticamente una mera declaración de intenciones, es interesante reproducir aquí por su enorme valor simbólico: "1. Los entes, organismos y entidades del sector público velarán por la eficiencia y el mantenimiento de los términos acordados en la ejecución de los procesos de contratación pública, favorecerán la agilización de trámites, promoverán la participación de la pequeña y mediana empresa y el acceso sin coste a la información, en los términos previstos en la Ley 30/2007, de 30 de octubre, de Contratos del Sector Público, modificada por la disposición final decimonovena de la presente Ley".

De este modo, la mencionada Disposición Final décimo novena de la LES es la que prevé modificar varios arts. de la LCSP que afectarán a la regulación específica del CPP. Así pues, según la nueva redacción del art. 11 dada por la LES: "Son contratos de colaboración entre el sector público y el sector privado

---

[41] El Consejo de Ministros de 19 de marzo de 2010 aprobó el Proyecto de Ley de Economía Sostenible, presentándose al Congreso de los Diputados el día 30 de marzo y siendo calificado por éste el 6 de abril. Actualmente, dicho proyecto normativo se encuentra en fase de enmiendas en la Comisión de Economía y Hacienda.

aquéllos en que una Administración Pública *o una Entidad pública empresarial* u organismo similar de las Comunidades Autónomas encarga a una entidad de derecho privado…". Con esta redacción, aunque sutil, se amplía radicalmente al ámbito subjetivo de los CPP al permitir que, a raíz de dicho cambio, las Entidades Públicas Empresariales ostenten la iniciativa de impulsar un contrato de este tipo, permitiendo, pues, expandir las posibilidades de negocio del propio Sector Público.

En segundo lugar, la citada Disposición Final modificará también el art. 118 de la LCSP, relativo a la evaluación previa que debe realizarse antes de celebrar cualquier CPP, entendiendo ahora que: "no será necesario realizar una nueva evaluación cuando un órgano integrado en la misma Administración o entidad que aquél que pretenda realizar el contrato, o en la Administración de la que dependa éste o a la que se encuentre vinculado, la hubiese efectuado previamente para un supuesto análogo". Cabe decir, por otro lado, que si bien este cambio puede ganar tiempo eliminando trámites en procedimientos sustancialmente iguales, podemos acabar pensando que, en la práctica, este supuesto especial sea una puerta abierta a la inseguridad jurídica de los requisitos previos a la configuración de un CPP.

Por último, el art. 34 de la LES prevé introducir una Disposición Adicional trigésimo cuarta en la LCSP, relativa al régimen de adjudicación de contratos públicos en el marco de fórmulas institucionales de colaboración entre el sector público y el sector privado. Según esta Disposición, los contratos públicos podrán adjudicarse directamente a una sociedad de economía mixta en la que concurra capital público y privado, siempre que la elección del socio privado se haya efectuado de conformidad con la normas establecidas en la LCSP para la adjudicación del contrato cuya ejecución constituya su objeto y siempre que no se introduzcan modificaciones en el objeto y las condiciones del contrato que se tuvieron en cuenta en la selección del socio privado[42]. La positivación de esta clásica fórmula de CPPI va a suponer, en esencia, dotar de estabilidad a las relaciones público-privadas, dado que la constitución de estas sociedades representará un fuerte compromiso entre ambos socios que repercutirá, en última instancia, en beneficio del interés general.

La segunda gran reforma legislativa que afectará al marco jurídico de los CPP es la denominada Ley de captación de financiación en los mercados por los concesionarios de obras públicas (en adelante sólo Ley de Captación de Financiación)[43], actualmente en fase de tramitación parlamentaria, que acentúa la virtualidad de este tipo de contratos haciéndoles valedores de nuevas fórmulas de financiación, por lo que se perfilan, con mayor o menor fortuna, como los vehículos naturales para la construcción de grandes infraestructuras por parte de las Administraciones Públicas en tiempos difíciles como los actuales.

La citada Ley viene a completar el escalón legal del proceso de revisión de la legislación de contratos públicos iniciado por la LCSP, sustituyendo los todavía vigentes arts. 253 a 260 del Texto Refundido de la Ley de Contratos de las Administraciones Públicas y dictada al amparo de la Disposición Final Décima de la propia LCSP. La Ley de Captación de Financiación regula, como no, la financiación de dos contratos típicos (el de

---

[42] Todo ello en consonancia, como se puede ver, con Comunicación Interpretativa de la Comisión Europea, de fecha 5 de febrero de 2008, relativa a la aplicación del Derecho comunitario en materia de contratación pública y concesiones a la colaboración público-privada institucionalizada (CPPI).

[43] Este proyecto normativo se presentó en el Congreso de los Diputados el 30 de octubre de 2009, calificándose por éste el 10 de noviembre del mismo año. Actualmente, se encuentra en fase de enmiendas en la Comisión de Economía y Hacienda.

concesión de obra pública y el CPP) y, además, la de sociedades de economía mixta constituidas para la ejecución de contratos públicos, como supuesto especial de colaboración público-privada institucional. Como norma general aplicable a estos tres supuestos, se regula, además, la posibilidad de acceder a avales públicos en garantía de cualesquiera operaciones de endeudamiento, generalizando la previsión recogida en la legislación anterior para las emisiones de obligaciones por los concesionarios de obras públicas, con lo que, a mi modo de ver, se le está dando un verdadero impulso al entramado de los CPP, confiando en sus enormes posibilidades para llevar a cabo proyectos públicos al socaire de las garantías prestadas por el Estado.

La financiación de los concesionarios de obras públicas se regula siguiendo de cerca los antecedentes normativos. Se mantiene la consideración especial de las tres vías de financiación recogidas hasta ahora en la Ley de Contratos de las Administraciones Públicas (emisión de valores, hipoteca de la concesión y créditos participativos), como supuestos que presentan regulaciones específicas frente a la legislación común cuando se utilizan por concesionarios de obras públicas.

Para la financiación de los adjudicatarios de los CPP, debido a la multiplicidad de relaciones jurídicas que pueden ampararse bajo esta fórmula contractual y la diversidad de diseños y prestaciones que admite, la Ley se remite a las especialidades en materia de financiación establecidas en cada caso por los pliegos y a la efectiva realización de inversiones que, en definitiva, se hayan de ceder en beneficio de la entidad contratante.

Finalmente, por lo que respecta a los medios de financiación de las sociedades de economía mixta constituidas para ejecutar contratos públicos o CPPI, la

Ley sólo establece dos limitaciones: en primer lugar, que las ampliaciones de capital respeten la estructura de partícipes inicial y, en segundo lugar, que la titulización de los derechos de cobro que ostenten frente a la entidad adjudicadora del contrato cuya ejecución se le encomienda requiera la previa autorización del órgano de contratación.

V.- CONCLUSIONES.

Si atendemos a los datos disponibles actualmente comprenderemos cómo los CPP, más allá de ser exclusivamente una nueva técnica contractual que permite hacer partícipe al sector privado en el diseño y la implementación de políticas públicas, pueden ser consideradas como el paradigma de la buena gestión de los proyectos públicos, habida cuenta de que en las mismas confluye un reparto de riesgos muy equilibrado, de forma que cada socio asume los compromisos para los que está mejor preparado[44].

Se están haciendo, por otro lado, enormes esfuerzos institucionales por parte de la UE por convencer a los diferentes Estados Miembros de las enormes posibilidades que nos brindan los CPP, siendo un buen ejemplo de ello la reciente Comunicación de la Comisión Europea de 19 de noviembre de 2009 que antes hemos tratado, y que establece que en la UE la colaboración público-privada puede suponer un impulso adicional para que una serie de proyectos clave logren objetivos estratégicos comunes[45], como la lucha contra

---

[44] A esta misma conclusión llega un estudio interno del BEI publicado en 2005 a partir del examen detallado de 15 CPPs y denominado *"Evaluation of PPP projects financed by the EIB"*, disponible en: http://www.bei.europa.eu/projects/publications/evaluation - of - ppp-projects-financed-by-the-eib.htm.

[45] Por ejemplo, el Plan Europeo de Recuperación Económica identificaba tres colaboraciones público-privadas: fábricas del futuro, edificios energéticamente eficientes y coches «verdes».

54

el cambio climático; el fomento de las fuentes de energía renovables, la eficiencia energética y el uso eficiente de los recursos; el apoyo al transporte sostenible; una atención sanitaria asequible y de alto nivel; o la realización de grandes proyectos de investigación, como las Iniciativas Tecnológicas Conjuntas, que aspiran a consolidar el liderazgo europeo en tecnologías estratégicas. Asimismo, los CPP pueden impulsar la capacidad de innovación y la competitividad de la industria europea en sectores con un potencial importante de crecimiento y empleo.

No es extraño, entonces, que desde el Gobierno español también se vayan a hacer esfuerzos por renovar, actualizar y relanzar el papel de los CPP como importantes herramientas de gestión de políticas públicas donde las Administraciones Públicas no tienen, ni los recursos suficientes, ni la experiencia necesaria para llevarlas a cabo. Este es el caso de la modificación de la LCSP a través la Ley de Economía Sostenible, que dará al CPP español mayor dinamismo (con posibilidad de que lo celebren también EPEs) y agilidad en su tramitación administrativa (al no hacer obligatoria la evaluación previa del art. 118 de la LCSP en determinados casos).

Finalmente, con la Ley de Captación de Financiación se dará el impulso definitivo a los tradicionales contratos CPP y a los nuevos contratos CPPI, donde la creación de una Sociedad de Economía Mixta posibilitará que la interrelación entre el sector público y el sector privado sea más estrecha todavía, otorgándole, en calidad de avalista, el socio público, el respaldo suficiente al empresario para que éste tome la iniciativa de los proyectos.

Así pues, podemos concluir diciendo que estamos en el comienzo de una nueva etapa de confianza y fortalecimiento de las iniciativas que conjugan los intereses públicos y privados, tradicionalmente representadas en fórmulas de CPP, que deberían ponerse a la cabeza de las diferentes estrategias de los poderes públicos para, en la medida de lo posible, salir de la crisis.

CAPÍTULO 3: LA REFORMA DEL RÉGIMEN DE PAGOS DE LAS ADMINISTRACIONES PÚBLICAS.

I.- INTRODUCCIÓN.

De las tres reformas legislativas que a día de hoy están en tramitación y que van a modificar de forma sustancial la Ley 30/2007, de 30 de octubre, de Contratos del Sector Público (en adelante, LCSP)[46], sólo una de ellas nos preocupa sobremanera, y no sólo por la incuestionable desconexión que marca la relación entre ésta y las otras dos[47], sino porque una de las

---

[46] Nos referimos, cómo no, a la Ley de captación de financiación en los mercados por los concesionarios de obras públicas, a la Ley de Reforma de la LCSP en materia de Recursos y a la Ley de Economía Sostenible.

[47] Sirva de ejemplo la regulación que se hace de la adjudicación por parte de la Ley de Economía Sostenible y por parte de la Ley de Reforma de la LCSP en materia de Recursos. Mientras que la primera prevé reducir el plazo de la adjudicación provisional de 10 a 15 días, (Disposición Final Decimonovena, apartado 8, relativa a la modificación del art. 135 de la LCSP), la segunda plantea, directamente, la fusión de las adjudicaciones al establecer que: "2. El órgano de contratación requerirá al licitador que haya presentado la oferta económicamente más ventajosa para que, dentro del plazo de diez días hábiles, presente la documentación justificativa de hallarse al corriente en el cumplimiento de sus obligaciones tributarias y con la Seguridad Social, de disponer efectivamente de los medios que se hubiese comprometido a dedicar o adscribir a la ejecución del contrato conforme al artículo 53.2, y de haber constituido la garantía definitiva que sea procedente. Los correspondientes certificados podrán ser expedidos por medios electrónicos, informáticos o telemáticos, salvo que se establezca otra cosa en los pliegos. De no cumplimentarse adecuadamente el requerimiento en el plazo señalado, se entenderá que el licitador ha retirado su oferta, procediéndose en ese caso a recabar la misma documentación al licitador siguiente, por el orden en que hayan quedado clasificadas las ofertas. 3. El órgano de contratación deberá adjudicar el contrato dentro de los cinco días hábiles siguientes a la recepción de la documentación. En los procedimientos negociados y de diálogo competitivo, la adjudicación concretará y fijará los términos definitivos del contrato." (art. 22 de la Ley de Reforma de la LCSP en materia de Recursos)

cuestiones que aborda, en concreto la reforma del régimen jurídico de la lucha contra la morosidad de las Administraciones Públicas, a través de la modificación de la Ley 3/2004 y de la propia LCSP, no se está enfocando desde la perspectiva adecuada, puesto que dicho cambio normativo no va a solucionar el problema del impago por parte de éstas, cuyo origen fundamental no está, como es lógico, en su voluntad de hacer frente a la deuda, sino más bien a su falta de liquidez y, sobre todo, al complicado, largo y, en ocasiones, excesivamente burocratizado, procedimiento de pago.

Ni que decir tiene que todavía queda algún tiempo para que la reforma del régimen de la lucha contra la morosidad a través de la Ley de Economía Sostenible (en adelante, LES) vea la luz desde la ventana del BOE, pero mucho nos tememos que ni los informes de los diferentes órganos consultivos, ni los reparos que puedan formularse por parte de todas las Instituciones que van a revisar dicho proyecto normativo[48], vayan a alterar la esencia del cambio que se pretende, que es, en definitiva, la de recortar los plazos de pago, con carácter general de 60 a 30 días, y la de penalizar, todavía más si cabe, al deudor que incurre en mora obligándole a abonar una compensación global del 5% del importe adeudado[49].

A lo largo de estas líneas intentaremos poner sobre la mesa tanto la problemática real de la

---

[48] De momento, la Ley de Economía Sostenible sólo tiene la consideración de Proyecto de Ley, aprobado por el Consejo de Ministros el 9 de marzo de 2010, quedando pues, todavía su posterior tramitación en Cortes para ser aprobado finalmente como Ley.

[49] Existe, no obstante, una Proposición de Ley presentada por el Grupo Parlamentario CIU en el Congreso el 12 de marzo de 2009 (el texto se puede consultar en el BOCG, serie B, núm. 169-1, de 24 de marzo) cuyo objeto también es modificar la Ley 3/2004, de medidas de lucha contra la morosidad. Actualmente, dicha Proposición de Ley se encuentra a la espera de la Comisión de Industria, Turismo y Comercio del Congreso.

morosidad pública, como el régimen jurídico que lucha contra la misma, haciendo especial hincapié en los verdaderos desafíos de este problema, demostrando, en última instancia, que, de momento, nos estamos equivocando en cuanto al planteamiento de base, ya que no se trata tanto de pagar cada vez más rápido, sino de que, habida cuenta de las enormes dificultades de las Administraciones Públicas para hacer frente a sus compromisos, se habiliten nuevas formas de gestión del pago para dar una solución definitiva a este cuello de botella que restablezca, de una vez por todas, el "crédito" perdido por éstas.

II.- EL RÉGIMEN JURÍDICO DE LAS MEDIDAS DE LUCHA CONTRA LA MOROSIDAD.

La Unión Europea y las Instituciones que la conforman llegaron pronto a la conclusión de que para mantener una Unión Económica y Monetaria fuerte y cohesionada era necesario emprender una cruzada contra la morosidad que protegiera a las PYMEs europeas frente a esta lacra derivada de la propia economía de mercado.

Quizá el origen más remoto de una política europea común en relación al establecimiento de medidas de lucha contra la morosidad lo encontramos en la Resolución del Parlamento Europeo de 24 de octubre de 1994 sobre el Programa integrado en favor de las PYMEs y del artesanado, por la que se instó a la Comisión a presentar propuestas con objeto de solucionar el problema de la morosidad. De este modo, la Comisión adoptó el 12 de mayo de 1995 una Recomendación relativa a los plazos de pago en las transacciones comerciales. Encantado el Parlamento Europeo con dicho documento, instó a la propia Comisión a estudiar la posibilidad de convertir su Recomendación en una propuesta de Directiva del

Consejo para su presentación en el plazo más breve posible.

Todo este proceso de estudio y consulta de diferentes Instituciones Comunitarias[50] culminó finalmente con la aprobación de la Directiva 2000/35/CE, de 29 de junio, por la que se establecen medidas de lucha contra la morosidad en las operaciones comerciales[51], todavía vigente, y cuyos dos objetivos fundamentales pueden resumirse en:

1. El establecimiento en todos los Estados Miembros de la UE de la obligación de que los acreedores puedan cobrar intereses de demora a unas tasas de interés que hagan más oneroso a los deudores morosos tener deudas con los proveedores que con entidades bancarias, así como hacer pagar a los morosos indemnizaciones por los gastos de cobranza.

2. La implantación en toda la UE de procedimientos legales más rápidos y resolutivos para cobrar deudas atrasadas mediante procesos judiciales ágiles y poco costosos que duren como máximo 90 días.

---

[50] El Comité Económico y Social emitió el 29 de mayo de 1997 un Dictamen sobre el Libro Verde de la Comisión denominado "La contratación pública en la Unión Europea: reflexiones para el futuro"; la Comisión publicó, el 4 de junio de 1997, un Plan de acción para el mercado interior en que se recalca que la morosidad representa un obstáculo cada vez más fuerte para el éxito del mercado interior; y, otra vez la Comisión, publicó, el 17 de julio de 1997, un Informe sobre los retrasos en el pago en las transacciones comerciales, en el que se resumen los resultados de la evaluación de los efectos de la Recomendación de la Comisión de 12 de mayo de 1995.

[51] Para un análisis en profundidad de esta Directiva, se puede acudir, entre otros, a SORIANO GARCÍA, J.E.: "Lucha contra la morosidad y contratación administrativa", Iustel, Madrid, 2006.

Más allá de los innumerables beneficios que para la UE supone el abordar la materia de la morosidad desde una perspectiva legal conjunta, la Directiva 2000/35/CE ha aportado muchos aspectos positivos que se pueden resumir en tres: en primer lugar, el establecimiento de procedimientos de reclamación de deudas que permitan obtener al demandante un título ejecutivo como máximo 90 días después de presentar la demanda; en segundo lugar, la fijación de un interés de demora lo suficientemente elevado (al tipo de interés aplicado por el Banco Central Europeo a su más reciente operación principal de refinanciación más 7 puntos porcentuales) para compensar al acreedor por los costes financieros sufridos cuando los clientes se retrasen en abonar las facturas y, finalmente, la equiparación del sector público y del sector privado en el cumplimiento de las obligaciones derivadas de la morosidad.

En España, fue la Ley 3/2004, de 29 de diciembre, por la que se establecen medidas de lucha contra la morosidad en las operaciones comerciales[52], la que traspuso la citada Directiva a nuestro ordenamiento jurídico. Sin embargo, fue la Disposición Final Primera de la misma Ley 3/2004, al modificar los arts. 99.4, 110.4, 116.4 y 5 y 169.3 del Texto Refundido de la Ley de Contratos de las Administraciones Públicas, la que trasladó al ámbito de la contratación administrativa española las previsiones de la Directiva 2000/35/CE[53].

---

[52] Para analizar esta Ley con profundidad es imprescindible acudir a PERALES VISCASILLAS, M.P.: "La Ley 3/2004 y la Directiva 2000/35: pasado, presente y futuro e impacto en el Derecho Mercantil", REDUR 5, diciembre 2007, pp. 5-24.
[53] Si tenemos en cuenta el "Informe sobre la ley 3/2004 de medidas de lucha contra la morosidad y 12 propuestas para la mejora de la legislación antimorosidad", realizado por BRACHFIELD, PJ., Director del Centro de Estudio de Morosología de EAE Business School, la citada Ley tiene dos objetivos que pueden diferenciarse y que están perfectamente definidos:

De esta forma, al ser sustituido el TRLCAP por la actual LCSP, esta última absorbió, fundamentalmente en su art. 200, la regulación relativa al pago del precio y, por ende, a las medidas de lucha contra la morosidad en las Administraciones Públicas.

En resumidas cuentas, si nos centramos en el tema que nos ocupa, el régimen jurídico de la atimorosidad en nuestra normativa contractual, podremos afirmar que sus puntos fuertes son, siguiendo la literalidad del mencionado art. 200 de la LCSP, los siguientes:

1. La Administración tendrá la obligación de abonar el precio dentro de los sesenta días siguientes a la fecha de la expedición de las certificaciones de obras o de los correspondientes documentos que acrediten la realización total o parcial del contrato[54].

2. Si se demorase, deberá abonar al contratista, a partir del cumplimiento de dicho plazo de sesenta días, los intereses de demora[55] y la

---

1. Por un lado, combatir la morosidad en el pago de operaciones comerciales en el sentido de evitar y penalizar la tardanza en pagar tras el vencimiento del plazo de pago pactado entre las partes.
2. Por otro, proteger del abuso por parte del comprador en perjuicio del acreedor a la hora de fijar los plazos de pago en sí mismos, o sea cuando el cliente imponga al proveedor plazos de pago excesivamente largos, luego deberá cumplir escrupulosamente, pagando el día acordado en el contrato.

[54] En este sentido, es conveniente tener muy en cuenta el Informe 5/05, de 11 de marzo de 2005, de la Junta Consultiva de Contratación Administrativa del Estado relativo a la posibilidad de incluir en los pliegos criterios de adjudicación basados en la reducción de tipo de interés a pagar en supuestos de demora y tipo de interés aplicable, como consecuencia de la modificación del artículo 99.4 del TRLCAP por la Ley de medidas de lucha contra la morosidad en operaciones comerciales.

[55] Según el art. 7 de la Ley 3/2004, el tipo legal de interés de demora que el deudor estará obligado a pagar será la suma del tipo de

indemnización por los costes de cobro[56] en los términos previstos en la Ley 3/2004.

3. Si la demora en el pago fuese superior a cuatro meses, el contratista podrá proceder, en su caso, a la suspensión del cumplimiento del contrato, debiendo comunicar a la Administración, con un mes de antelación, tal circunstancia, a efectos del reconocimiento de los derechos que puedan derivarse de dicha suspensión.

4. Si la demora de la Administración fuese superior a ocho meses, el contratista tendrá derecho, asimismo, a resolver el contrato y al resarcimiento de los perjuicios que como consecuencia de ello se le originen.

III.- UN ANÁLISIS DE LOS CAMBIOS EN EL RÉGIMEN DE PAGOS.

En noviembre de 2008, cuando la crisis económico-financiera actual hizo su aparición a lo largo y ancho del Viejo Continente de forma incuestionable, la Comisión Europea aprobó una Comunicación dirigida al Consejo Europeo que denominó "Un Plan Europeo de

---

interés aplicado por el Banco Central Europeo a su más reciente operación principal de financiación más siete puntos porcentuales. En la última operación principal de financiación del Banco Central Europeo, el tipo de interés aplicado ha sido el 1%. En consecuencia, el tipo legal de interés de demora a aplicar durante el primer semestre natural de 2010 es del 8%.

[56] Según el art. 8 de la Ley 3/2004, cuando el deudor incurra en mora, el acreedor tendrá derecho a reclamarle una indemnización por todos los costes de cobro debidamente acreditados que haya sufrido a causa de la mora de éste. La indemnización no podrá superar, en ningún caso, el 15 % de la cuantía de la deuda, excepto en los casos en que la deuda no supere los 30.000 € en los que el límite de la indemnización estará constituido por el importe de la deuda de que se trate.

Recuperación Económica" cuyo Prólogo comenzaba con una famosa frase que arengaba a las tropas de la Unión y que decía "Es hora de actuar…". Más allá de su enorme simbología y del incuestionable impulso que de forma determinante adoptó la Comisión en esos primeros momentos, es importante resaltar aquí que una de las principales cuestiones que abordó este Plan de Recuperación fue, precisamente, el de la morosidad.

Así pues, según el citado documento, una condición previa para la inversión, el crecimiento y la creación de puestos de trabajo en el contexto de crisis económica era contar con financiación suficiente y viable, estableciendo como objetivo estratégico para la recuperación empresarial: "velar por que las autoridades públicas paguen sus facturas por suministros y servicios, también a las PYMEs, en el plazo máximo de un mes, con el fin de aliviar los problemas de liquidez, y acepten la facturación electrónica como equivalente de la efectuada en papel; por otra parte, también se deberá saldar todo atraso adeudado por los organismos públicos"[57].

---

[57] Todo ello, dentro de un conjunto de acciones basadas en la Ley Europea de la Pequeña Empresa y con objetivo de reducir significativamente las cargas administrativas para las empresas, aumentando su flujo de tesorería y fomentando la iniciativa empresarial, donde tanto la UE como los Estados miembros deberían:
1. Garantizar que en el plazo de tres días y con coste cero se pueda crear un nueva empresa en cualquier punto de la UE y que a través de un único punto de acceso se pueda tramitar la contratación del primer empleado;
2. Eliminar la obligación de que las microempresas elaboren cuentas anuales (se estima que estas empresas se ahorrarán unos 7 000 millones EUR al año) y limitar a un euro los requisitos mínimos de capital para la empresa privada europea;
3. Acelerar la adopción de la propuesta de estatuto de la empresa privada europea de modo que, desde principios de 2009, pueda facilitar las actividades comerciales transfronterizas de las PYME y permitirles operar al amparo de un único conjunto de normas corporativas a lo largo y ancho de la UE;

En el marco de esta importante intervención para salir de la crisis que desde las Instituciones de la UE se está haciendo, existe actualmente una Propuesta de Directiva[58], de fecha 8 de abril de 2009, que pretende modificar el régimen de las medidas de lucha contra la morosidad, sustituyendo, en última instancia, las previsiones de la Directiva 2000/35/CE, por una regulación más exigente y adecuada al contexto económico actual. La mencionada Propuesta, votada ya por la Comisión de Mercado Interior del Parlamento Europeo el 26 de enero de 2010, obligaría a los Estados Miembros a velar porque el interés de demora sea pagadero el día siguiente a la fecha de pago o al término del plazo de pago que se fije en el contrato, y si ésta no se fija, para que el interés de demora sea pagadero automáticamente, con carácter general, a los 30 días.

Por otro lado, y para el caso de los poderes públicos, la Propuesta quiere reducir los plazos de pago mediante la armonización de los mismos, desincentivando su morosidad mediante una compensación a tanto alzado equivalente a un 5% de la cantidad facturada, impuesta desde el primer día de retraso y complementaria de los intereses de demora y de la compensación por los costes de cobro. Por último, la Propuesta suprime también la posibilidad de descartar las reclamaciones de intereses inferiores a 5 euros.

En sincronía con las políticas impulsadas desde la UE para salir de la crisis, el actual Gobierno de España está trabajando en un proyecto legislativo muy

---

4. educir en un 75 % las tasas aplicadas a la presentación de solicitudes de patentes y a su mantenimiento y reducir a la mitad los costes de una marca comunitaria.

[58] Puede consultarse el texto íntegro de la Propuesta en: http://www10.gencat.cat/ecofin_jcca/ni/docs/Directiva%20C-7-0044.pdf

ambicioso, al que después de su aprobación por las Cortes[59] podremos llamar Ley de Economía Sostenible[60], que tiene como objetivo fundamental impulsar un cambio de modelo económico en nuestro país a través de tres grandes pilares estratégicos: la mejora del entorno económico, el impulso de la competitividad y la apuesta por la sostenibilidad medioambiental. Es en el segundo de estos ejes, el del impulso de la competitividad, donde se ubican los cambios que se quieren realizar en el actual marco normativo español de las medidas de lucha contra la morosidad.

Así pues, son los arts. 50 a 54 de la LES los que modifican, por un lado, el régimen general de la Ley 3/2004[61] y, por el otro, las previsiones de la LCSP[62] relativas al pago del precio en los contratos públicos, bloque en el que vamos a centrar nuestra atención.

---

[59] Como ya se dijo, aprobado como Proyecto de Ley en el Consejo de Ministros de 9 de marzo de 2009 y actualmente en tramitación parlamentaria.

[60] Es cuanto menos llamativa, la definición que la propia LES hace del concepto de "economía sostenible" en su art. 2 al definirla como: "...un patrón de crecimiento que concilie el desarrollo económico, social y ambiental en una economía productiva y competitiva, que favorezca el empleo de calidad, la igualdad de oportunidades y la cohesión social, y que garantice el respeto ambiental y el uso racional de los recursos naturales, de forma que permita satisfacer las necesidades de las generaciones presentes sin comprometer las posibilidades de las del futuro para atender sus propias necesidades".

[61] En concreto se "retocan" los arts. 2, 3, 4, 8 y 9, añadiendo un art. 11 en esta Ley, que por su trascendencia me permito el lujo de transcribir: "Artículo 11. Transparencia en las buenas prácticas comerciales: Con el fin de velar por la plena transparencia en el ejercicio de los derechos y el cumplimiento de las obligaciones previstas en la presente Ley, las Administraciones Públicas promoverán la elaboración de Códigos de buenas prácticas comerciales, así como la adopción de sistemas de resolución de conflictos a través de la mediación y el arbitraje, siendo de adscripción voluntaria por parte de los agentes económicos".

[62] Viéndose afectado de esta norma el art. 200.4 y añadiendo un art. 200 bis y una Disposición transitoria octava.

La primera cuestión que debemos abordar es terminológica, aunque no por ello menos importante, pues supone, a los efectos de la Ley 3/2004, considerar Administraciones Públicas a "los entes, organismos y entidades que forman parte del sector público, de acuerdo con el artículo 3.3 de la Ley 30/2007, de 30 de octubre, de Contratos del Sector Público"[63]. Este cambio sustancial en el ámbito subjetivo de aplicación de la citada Ley representará una verdadera revolución cuantitativa por cuanto que, de un día para otro, la morosidad de las Administraciones Públicas se disparará por entender incluida en ésta todos los impagos causados por los poderes adjudicadores[64], que son los que realmente está regulando el art. 3.3 de la LCSP.

En segundo lugar, la LES plantea directamente absorber las previsiones de la Propuesta de Directiva comunitaria que está llamada a sustituir a la Directiva 2000/35/CE, estableciendo que el pago del precio en las operaciones comerciales se reduzca precisamente a la mitad, pasando de 60 a 30 días[65], quedando

---

[63] En la nueva redacción que la LES hace del art. 2 de la Ley 3/2004.

[64] Para un análisis riguroso del concepto de poder adjudicador es necesario acudir a GIMENO FELIU, J. M.: "Los sujetos contratantes: alcance del concepto poder adjudicador en la Ley de Contratos del Sector Público", Noticias de la Unión Europea, nº 298, 2009, pp. 55-70.

[65] El plazo de 30 días a que se refiere el apartado 4 del artículo 200 de la LCSP, en la redacción dada por el artículo 52 de la LES se aplicará a partir del 1 de enero de 2013, conforme al calendario previsto por la nueva Disposición Transitoria Octava de la LCSP:

1. Entre el 1 de enero de 2010 y el 31 de diciembre de 2010 el plazo en el que las Administraciones tienen la obligación de abonar el precio de las obligaciones a las que se refiere el apartado 4 del artículo 200 será dentro de los cincuenta y cinco días siguientes a la fecha de la expedición de las certificaciones de obras o de los correspondientes documentos que acrediten la realización total o parcial del contrato.
2. Entre el 1 de enero de 2011 y el 31 de diciembre de 2011, el plazo en el que las Administraciones tienen la obligación de abonar el precio de las obligaciones a las que se refiere el

redactado, pues, el paradigmático art. 200.4 de la LCSP de la siguiente forma: "La Administración tendrá la obligación de abonar el precio dentro de los treinta días siguientes a la fecha de la expedición de las certificaciones de obras o de los correspondientes documentos que acrediten la realización total o parcial del contrato, sin perjuicio del plazo especial establecido en el artículo 205.4, y, si se demorase, deberá abonar al contratista, a partir del cumplimiento de dicho plazo de treinta días, los intereses de demora y la indemnización por los costes de cobro en los términos previstos en la Ley 3/2004, de 29 de diciembre, por la que se establecen medidas de lucha contra la morosidad en las operaciones comerciales."

Una novedad que vale la pena resaltar, no tanto por su posible eficacia, que creo que será poca, sino por lo que representa para el empresario el poder iniciar directamente una acción jurisdiccional para la reclamación de su deuda, es la previsión del art. 52.2 de la LES relativa a la instauración de un procedimiento sumario cuyo objeto sea precisamente ése y que, *grosso modo*, podemos resumir de la siguiente forma:

1. Transcurrido el plazo de 30 días a que se refiere el artículo 200.4 de la LCSP, los contratistas podrán reclamar por escrito a la Administración contratante el cumplimiento de la obligación de pago y, en su caso, de los intereses de demora.

---

apartado 4 del artículo 200 será dentro de los cincuenta días siguientes a la fecha de la expedición de las certificaciones de obra o de los correspondientes documentos que acrediten la realización total o parcial del contrato.

3. Entre el 1 de enero de 2012 y el 31 de diciembre de 2012, el plazo en el que las Administraciones tienen la obligación de abonar el precio de las obligaciones a las que se refiere el apartado 4 del artículo 200 será dentro de los cuarenta días siguientes a la fecha de la expedición de las certificaciones de obra o de los correspondientes documentos que acrediten la realización total o parcial del contrato.

2. Si, transcurrido el plazo de un mes, la Administración no hubiera contestado, se entenderá reconocido el vencimiento del plazo de pago y los interesados podrán formular recurso contencioso-administrativo contra la inactividad de la Administración, pudiendo solicitar como medida cautelar el pago inmediato de la deuda.

3. El órgano judicial adoptará la medida cautelar, salvo que la Administración acredite que no concurren las circunstancias que justifican el pago o que la cuantía reclamada no corresponde a la que es exigible, en cuyo caso la medida cautelar se limitará a esta última.

4. La sentencia condenará en costas a la Administración demandada en el caso de estimación total de la pretensión de cobro.

Decíamos antes que, lejos de parecernos una buena idea, amén de poder suponer temporalmente un alivio personal, que no económico, para los empresarios, la instauración de un procedimiento *ex profeso* para la reclamación de las deudas contraídas para con la Administración va a suponer, en última instancia, derivar el problema de la morosidad a la sede jurisdiccional contencioso-administrativa, con lo que las discusiones por el pago de las deudas, independientemente de llegar antes al órgano competente para dirimirlas con verdadero carácter ejecutivo y resolutorio, se enfrentarán con el desafío añadido de la masificación que tradicionalmente este orden jurisdiccional arrastra, precisamente por una obsesión, casi malintencionada, por trasladar la "resolución de conflictos entre las partes" al garante último del cumplimiento de las Leyes, esto es, la Administración de Justicia. No debemos olvidar, por otro lado, que la aplicación práctica tanto de la Ley 3/2004 como de la LCSP ya estaba obligando al acreedor a interponer demandas judiciales para el cobro de sus facturas, siendo los procedimientos de reclamación lentos, costosos y poco resolutivos a los ojos de los demandantes, además de poder suponer, también en opinión de los propios empresarios, la pérdida definitiva de sus "mejores" clientes[66].

Finalmente, es en el ámbito de la Administración Local donde la LES resulta más efectiva en materia de lucha contra la morosidad, habida cuenta de que, como más tarde veremos, escoge una solución mucho más lógica al implicar tanto a empleados públicos, en este caso sólo a los habilitados de carácter estatal, como a determinados órganos políticos (como por ejemplo el Pleno de las Corporaciones Locales) para responsabilizarse conjuntamente, cada uno en el rol que desempeña dentro de la organización , del cumplimiento de los requisitos impuestos por la norma.

En este sentido, la LES establece que los Tesoreros o, en su defecto, Interventores de las Corporaciones Locales elaborarán trimestralmente un informe sobre el cumplimiento de los plazos previstos en la LCSP para el pago de las obligaciones de cada entidad local, que incluirá necesariamente el número y cuantía global de las obligaciones pendientes en las que se esté incumpliendo el plazo. Sin perjuicio de su posible presentación y debate en el Pleno de la

---

[66] Según una reciente noticia publicada en el periódico Expansión, la Ley 3/2004 de lucha contra la morosidad vive en el anonimato en pleno auge de los impagos. El 84% de las empresas o no la conoce o no la aplica. En concreto, el 56% no sabe de su existencia y el 28% no la usa, según una encuesta de la Plataforma contra la Morosidad. Si se cumpliese la ley y la media de pago fuera de 60 días en vez de los 98 actuales, las pymes ahorrarían 6.420 millones de euros al año en costes financieros. Para consultar esta noticia se puede acudir a: http://www.expansion.com/2010/03/09/economia-politica/1268173279.html

Corporación Local, dicho informe deberá remitirse, en todo caso, a los órganos competentes del Ministerio de Economía y Hacienda y, en su respectivo ámbito territorial, a los de las Comunidades Autónomas que, con arreglo a sus respectivos Estatutos de Autonomía, tengan atribuida la tutela financiera de las entidades locales.

Continúa la LES imponiendo a las entidades locales la existencia de un registro de todas las facturas y demás documentos emitidos por los contratistas a efectos de justificar las prestaciones realizadas por los mismos, cuya gestión corresponderá a la Intervención u órgano de la entidad local que tenga atribuida la función de contabilidad. Cualquier factura o documento justificativo emitido por los contratistas a cargo de la entidad local, deberá ser objeto de anotación en el registro con carácter previo a su remisión al órgano responsable de la obligación económica. Transcurrido un mes desde la anotación en el registro de la factura o documento justificativo sin que el órgano gestor haya procedido a tramitar el oportuno expediente de reconocimiento de la obligación, derivado de la aprobación de la respectiva certificación de obra o acto administrativo de conformidad con la prestación realizada, la Intervención o el órgano de la entidad local que tenga atribuida la función de contabilidad requerirá a dicho órgano gestor para que justifique por escrito la falta de tramitación de dicho expediente.

Por último, la LES concluye que la Intervención u órgano de la entidad local que tenga atribuida la función de contabilidad incorporará al informe trimestral al Pleno antes citado, una relación de las facturas o documentos justificativos con respecto a los cuales hayan transcurrido más de tres meses desde su anotación en el citado registro y no se hayan tramitado los correspondientes expedientes de reconocimiento de la obligación o se haya justificado por el órgano gestor la ausencia de tramitación de los mismos. El Pleno, en el plazo de 15 días contados desde el día de la reunión en la que tenga conocimiento de dicha información, publicará un informe agregado de la relación de facturas y documentos que se le hayan presentado agrupándolos según su estado de tramitación.

IV.- ALGUNAS SOLUCIONES AL PROBLEMA DE LA MOROSIDAD.

No parecería muy sensato a estas alturas, después de haber puesto en tela de juicio las reformas legislativas que se aproximan en materia de lucha contra la morosidad, no aportar siquiera alternativas a lo que supone plantear por parte del Gobierno y a través de la LES una solución global sin atender a la propia idiosincrasia de las Administraciones Públicas, impulsando una fórmula genérica basada en líneas generales en la reducción de los plazos de pago, para atajar de raíz el problema de la morosidad, independientemente de que ésta se derive de una relación estrictamente mercantil o que en la misma intervenga como deudor una Administración Pública, puesto que, como es sabido, no existen reglas especiales para estas últimas en cuanto al cumplimiento de los plazos previstos por la norma de referencia en esta materia, que es, en definitiva, la Ley 3/2004, de 29 de diciembre, de medidas de lucha contra la morosidad.

La primera de las soluciones que nos gustaría aportar, más como una declaración de intenciones que como un remedio milagroso para solventar el problema de la morosidad, es un axioma fácil de entender pero difícil de compartir, fundamentalmente por quienes tienen bajo su mando la responsabilidad de decidir sobre el destino del gasto público, que fue popularizado por O.S. Marden al decir que "La economía consiste en saber gastar, el ahorro en saber guardar". Me refiero con esto al hecho de que para que una Administración Pública tenga el dinero suficiente como para pagar en el plazo previsto por la norma, primero debemos entender que ésta no debe gastar más allá de sus posibilidades, haciendo que su capacidad de satisfacer sus compromisos, con mayor o menor diligencia, esté asegurada. Esto es, en resumidas cuentas, que realmente es muy difícil abordar la problemática del impago por parte de nuestras Administraciones Públicas si éstas no hacen un esfuerzo decisivo por equilibrar las políticas de ingreso y de gasto hasta el punto de no poner en riesgo el reconocimiento de las obligaciones de pago derivadas de los compromisos de gasto adquiridos por ellas[67].

Debemos decir, por otro lado, que pocas veces como hasta ahora los Gobiernos de turno se habían planteado utilizar la contratación administrativa como una verdadera política pública, en el sentido más dogmático de la palabra[68]. En un momento de dificultades económico-financiaras como el actual, los poderes públicos han apostado por dinamizar la economía y el empleo a través de los innumerables mecanismos que la LCSP les permite. Sencillamente han pensado que los contratos públicos no constituyen sólo un medio de abastecerse de materias primas o de servicios en las condiciones más ventajosas, sino que a

---

[67] Algunos ejemplos prácticos de cómo pueden ahorrar las Administraciones Públicas a través de sus contratos pueden encontrarse en COLÓN DE CARVAJAL FIBLA, B: "La contratación administrativa en tiempos de crisis: tres soluciones útiles para ahorrar", Actualidad Administrativa, nº 2, segunda quincena enero 2010.

[68] Para Lasswell, una política es "un programa proyectado de valores, fines y prácticas", LASWELL, H., *A Pre-View of Policy Sciences*, Nueva York, Elsevier, 1970. Mientras que según Lindblom, el *policy making* "es un proceso de aproximaciones sucesivas a un objetivo deseado, donde incluso éste se halla sometido a continuas reconsideraciones", LINDBLOM, Ch.E., "The Science of Muddling Through", en *Public Administration Review,* vol. 19, 1959, pp. 79-89.

través de éstos los poderes públicos pueden realizar una política de intervención en la vida económica, social y política del país. Sin embargo, el fin no ha justificado los medios, puesto que la implementación de dicha política pública se ha hecho sin respetar los clásicos principios de la contratación pública que durante tantos años se han ido consagrando al calor de la jurisprudencia del TJCE y de las diferentes normas que han regulado la materia.

Dicho lo anterior, debemos enfrentarnos al problema de la morosidad dando alternativas viables a las reformas propuestas por el Gobierno que, más allá de sus buenas intenciones, no parece que vayan a tener un "efecto reembolso" al menos a corto plazo. En primer lugar, una de las estrategias más eficaces para afrontar los dilatados plazos de pago que anquilosan a las Administraciones Públicas es la de establecer mecanismos potentes y ágiles para que el camino que debe seguir la documentación justificativa del gasto se realice lo antes posible. Es decir, deberíamos plantearnos implantar procedimientos específicos para la tramitación de dicha documentación a los efectos de que, además de tener preferencia en cuanto a su despacho respecto al resto de los asuntos, no pudiera detenerse el circuito que va desde el centro gestor que realiza la contratación correspondiente a los servicios técnicos que supervisan la citada documentación justificativa y, de éstos, a la Intervención que fiscaliza el gasto previo al reconocimiento de la obligación y, posterior pago por Tesorería. Quizá sea oportuno reducir los plazos de este procedimiento interno, que en realidad no están regulados por ninguna Ley, marcando los *tempos* de cada uno de los agentes que participan en la gestión de los expedientes de gasto derivados de las contrataciones que realizan las Administraciones Públicas.

Otra de las soluciones que podemos plantear, muy relacionada con la anterior, es la de imponer de forma definitiva la tramitación electrónica de la documentación justificativa de los gastos en los contratos administrativos. Si bien es cierto que, para la Administración General del Estado, la Disposición Final Novena de la LCSP establece que por Orden conjunta de los Ministros de Economía y Hacienda y de Industria, Turismo y Comercio, se extenderá progresivamente la obligatoriedad del uso de las facturas electrónicas para personas físicas y jurídicas en función de sus características y el volumen de su cifra de negocios, nos encontramos con que, las Comunidades Autónomas, y, sobre todo, las Entidades Locales, no están siendo tan exigentes en cuanto a esta verdadera necesidad.

Si atendemos a los datos aportados por el *World Economic Forum*, los países que más destacan en cuanto a apertura y eficiencia del sector público y a preparación para la administración electrónica son también los primeros en cuanto a rendimiento económico y competitividad[69]. Asimismo, tal y como establece el Plan europeo de acción sobre administración electrónica i2010: "Si la factura electrónica se introdujera en toda la UE, podría generar unos ahorros anuales de más de 50.000 millones de euros"[70], con lo que quedaría plenamente justificado exigir por imperativo legal la utilización de ésta en todos los contratos celebrados por cualquier Administración Pública.

---

[69] *World Economic Forum Global Competitivity Reports, European Commission Innovation Trendcharts and Scoreboards, UN Global e-Government Readiness Reports* (2003, 2004 y 2005).
[70] Dicho Plan forma parte de la Comunicación de la Comisión al Consejo, al Parlamento Europeo, al Comité Económico y Social Europeo y al Comité de las Regiones de fecha 25 de abril de 2006.

Otro de los puntos débiles que deberíamos reforzar, ya sea tanto para aligerar los plazos de pago derivados de las contrataciones públicas donde existen varios financiadores, como para mejorar el funcionamiento general de todas las Administraciones Públicas, es el relativo al de la coordinación administrativa, principio consagrado tanto constitucional[71] como legalmente[72], pero que en ocasiones no hace más que representar un obstáculo en la tramitación, ya de por sí dilatada, de los procedimiento de concesión de subvenciones para la ejecución de obras donde intervienen varias Administraciones Públicas y en las que su "coordinación" es determinante para asegurar el cumplimiento de los plazos previstos por la norma.

Sirva de ejemplo, el Programa de Cooperación Económica Local del Ministerio de Política Territorial[73] que tiene por finalidad, con carácter general, la de dotar a los diferentes núcleos y entidades de población de los necesarios servicios, infraestructuras y equipamientos básicos de carácter colectivo y de competencia local, facilitando a sus habitantes el acceso a determinados servicios y, prioritariamente, a los obligatorios establecidos como mínimos en el

---

[71] Recuérdese el conocidísimo art. 103.1 CE al establecer que la Administración Pública sirve con objetividad los intereses generales y actúa de acuerdo con los principios de eficacia, jerarquía, descentralización, desconcentración y coordinación, con sometimiento pleno a la ley y al Derecho.

[72] Asimismo, el art. 3.1 de la Ley 30/1992, de 26 de noviembre, RJAP y PAC reconoce que las Administraciones Públicas sirven con objetividad los intereses generales y actúan de acuerdo con los principios de eficacia, jerarquía, descentralización, desconcentración y coordinación, con sometimiento pleno a la Constitución, a la Ley y al Derecho. Igualmente, deberán respetar en su actuación los principios de buena fe y de confianza legítima.

[73] Cuya regulación se encuentra contenida tanto en el Real Decreto 835/2003, de 27 de junio, por el que se regula la cooperación económica del Estado a las inversiones de las entidades locales, como en la Orden APU/293/2006, de desarrollo y aplicación del anterior.

artículo 26 de la Ley 7/1985, de 2 de abril, Reguladora de las Bases de Régimen Local. Pues bien, en la gestión de dicho Programa intervienen las Diputaciones Provinciales en calidad tanto de financiadoras como de intermediarias entre los beneficiarios últimos de la ayuda, el Ayuntamiento, y el otro gran financiador, el propio Ministerio de Política Territorial, con lo que la relación entre éste y aquélla debe ser muy fluida y estrecha para que los empresarios, ejecutores en definitiva de las obras financiadas por el Programa, cobren sus certificaciones en los plazos previstos en el art. 200 de la LCSP.

Finalmente, es importante contar con el apoyo decisivo de los órganos de decisión política en al correcta gestión de los expedientes de contratación de los que se vayan a derivar gastos para una Administración Pública. Se trata, en definitiva, de implicar, en la línea que marca precisamente la LES para el ámbito exclusivo de la Administración Local, al staff político del riesgo del impago, de la morosidad, concediéndole herramientas eficaces para el seguimiento de los citados procedimientos, como por ejemplo, los Cuadros de Mando Integrales[74], que les permitan definir unos objetivos necesarios para cumplir con su propias estrategias.

---

[74] El concepto de cuadro de mando integral – CMI (*Balanced Scorecard* – BSC) fue presentado en el número de enero/febrero de 1992 de la revista *Harvard Business Review*, con base en un trabajo realizado para una empresa de semiconductores (La empresa en cuestión sería Analog Devices Inc.). Sus autores, Robert Kaplan y David Norton, plantean que el CMI es un sistema de administración que va más allá de la perspectiva financiera con la que los gerentes acostumbran evaluar la marcha de una empresa. Es un método para medir las actividades de una compañía en términos de su visión y estrategia. Proporciona a los administradores una mirada global de las prestaciones del negocio.

V.- CONCLUSIONES.

Empezábamos este trabajo aproximándonos a las novedades que la Ley de Economía Sostenible, verdadero buque insignia del Gobierno actual por lo que a modificaciones normativas para salir de la crisis se refiere, arguyendo en relación a la misma que no va a suponer, en materia de medidas de lucha contra la morosidad un avance importante, puesto que centra fundamentalmente sus esfuerzos en acosar a los deudores, reduciendo a la mitad los plazos de pago e imponiendo más costes derivados de la propia mora.

Decíamos, por otro lado, que un planteamiento tan lineal y poco ambicioso no hace sino perjudicar a los propios acreedores, puesto que le resta flexibilidad en el pago a los que, queriendo hacerlo, no pueden realizarlo en plazo. Asimismo, no podemos tratar de igual modo a las operaciones comerciales derivadas del puro tráfico mercantil, sujetas exclusivamente a la Ley 3/2004, de las operaciones donde el moroso, por decirlo de alguna manera, es una Administración Pública que ha celebrado un contrato y no está cumpliendo los plazos de pago previstos por la norma, en este caso, por la LCSP.

Necesitamos buscar soluciones al problema concreto de la morosidad en el Sector Público, quizá radicalmente diferentes de las que serían efectivas en el concreto ámbito empresarial, donde incluso el principio de libertad de pactos tiene especial trascendencia[75], que permitan ofrecer a éste una importante ayuda a los empresarios, que lejos de

---

[75] Recuérdese en este momento el Informe de la JCCA 5/05, según el cual no es posible incluir en los Pliegos un tipo de interés de demora inferior al previsto en el apartado 2 del artículo 7 de la Ley 3/2004, por cuanto para los contratos públicos está excluida la posibilidad de pacto.

disponer de liquidez suficiente, anhelan el pago de las facturas pendientes hasta el punto de depender la continuidad misma de sus propias empresas.

Hemos propuesto cuatro alternativas a la LES para hacer frente a la morosidad en las Administraciones Públicas que podemos resumir en:

1. "La economía consiste en saber gastar, el ahorro en saber guardar", es decir, primero debemos conseguir restablecer el equilibro necesario entre ingresos y gastos para después poder adquirir compromisos futuros con las garantías suficientes de pago.

2. Debemos aligerar, tanto en requisitos formales como en temporales, los procedimientos administrativos en los que se incardinan la justificación de los gastos derivados de las contrataciones públicas, implicando a todos los actores intervinientes en dicho proceso para que se comprometan con tal fin.

3. Es necesario fortalecer la coordinación entre Administraciones Públicas, sobre todo cuando de la buena relación entre éstas dependen inversiones realizadas por empresarios, en el marco de contratos administrativos, que acaba suponiendo, más allá de ser un principio general del derecho Administrativo, un lastre para el correcto funcionamiento de los mecanismos normativamente previstos para realizar los pagos.

4. Las élites políticas deben implicarse no en la gestión sino en el seguimiento y evaluación de las Administraciones Públicas contratantes a través de herramientas de *management* perfectamente implantadas, como es el caso de los Cuadros de Mando Integrales, que les permitan, al mismo

tiempo, satisfacer sus expectativas como grupo político y como directivos de organizaciones.

Quizá con estas premisas no podamos asegurar que se vayan a solucionar los problemas derivados de la crisis financiara que nos acecha, pero al menos habremos puesto un granito de arena en la nada desdeñable tarea de reducir los plazos de pago de las Administraciones Públicas.

CAPÍTULO 4: LA NUEVA REGULACIÓN DEL RÉGIMEN DE LAS MODIFICACIONES CONTRACTUALES.

I. INTRODUCCIÓN.

Algunos de los que trabajamos diariamente en contratación administrativa pusimos el grito en el cielo cuando se aprobó la Ley 30/2007, de 30 de octubre, de Contratos del Sector Público (en adelante, LCSP) porque entendimos que con la misma se había perdido una oportunidad magnífica para darle definitivamente a las modificaciones contractuales o *ius variandi* el tratamiento que, desde un punto de vista comunitario y jurisprudencial, se merecían[76].

Ya en su momento, la Dirección General del Mercado Interior y Servicios de la Comisión Europea dirigió a las autoridades españolas, con fecha 12 de diciembre de 2006, unas observaciones en relación con el Anteproyecto de la LCSP, en las que se señalaba que ninguna disposición de la Directiva de contratos públicos autorizaba a modificar un contrato por "necesidades nuevas", por lo que se suprimió del Proyecto de Ley esta referencia. Finalmente, la propia Comisión se vio obligada a expedientar a España por considerar que la LCSP vulneraba la normativa comunitaria al permitir la modificación de los contratos con posterioridad a su adjudicación[77].

---

[76] Para un análisis crítico de la LCSP se puede acudir a COLÓN DE CARVAJAL FIBLA, B.: "Mucho ruido y pocas nueces: otra oportunidad perdida por la Ley de Contratos del Sector Público", El Consultor de los Ayuntamientos y de los Juzgados, 2009, núm. 9, pp. 1302-1310.
[77] El expediente adoptó la forma de dictamen motivado, segunda fase del procedimiento de infracción.

Pero nunca es tarde si la dicha es buena, puesto que a través de una modificación de nuestra normativa de contratos públicos a través de la Ley de Economía Sostenible se va a producir un cambio sustancial en el régimen de los modificados, esperemos que definitivo, que nos acerque, de una vez por todas, a la interpretación más consolidada que de los mismos puedan tener las diferentes instancias comunitarias. Veamos, pues, cuáles van a ser dichos cambios.

II. EL *IUS VARIANDI* O MODIFICACIONES CONTRACTUALES EN LA LEY DE CONTRATOS DEL SECTOR PÚBLICO.

La Administración Pública goza de una serie de prerrogativas en el ámbito de la contratación administrativa que en el seno de la contratación privada son prácticamente desconocidas, como privilegio o situación de prevalencia de una de las partes frente a la otra. En este sentido, es la LCSP, como piedra angular de la normativa española en materia de contratos públicos, la que regula esta materia en dos artículos concretos[78] en los que se enumeran las principales

---

[78] Nos referimos, cómo no, al art. 194, al que luego nos referiremos, y al art. 195 cuyo contenido, por su trascendencia, debemos reproducir:

"1. En los procedimientos que se instruyan para la adopción de acuerdos relativos a la interpretación, modificación y resolución del contrato deberá darse audiencia al contratista.

2. En la Administración General del Estado, sus Organismos autónomos, Entidades gestoras y Servicios comunes de la Seguridad Social y demás Entidades públicas estatales, los acuerdos a que se refiere el apartado anterior deberán ser adoptados previo informe del Servicio Jurídico correspondiente, salvo en los casos previstos en los artículos 87 y 197.

3. No obstante lo anterior, será preceptivo el informe del Consejo de Estado u órgano consultivo equivalente de la Comunidad Autónoma respectiva en los casos de:

a) Interpretación, nulidad y resolución, cuando se formule oposición por parte del contratista.

prerrogativas de las que gozan las Administraciones Públicas en el ejercicio de su actividad contractual sometida a Derecho Administrativo. No obstante, hay que advertir que a lo largo del articulado de la citada Ley se recogen otras potestades que, no teniendo esta denominación específica, confieren así mismo a la Administración una posición jurídica privilegiada dentro de la relación bilateral que representa el contrato[79].

Así pues, es el art. 194 de la LCSP el que contiene las principales prerrogativas de la Administración en la contratación administrativa, indicando su tenor literal que: "Dentro de los límites y con sujeción a los requisitos y efectos señalados en la presente Ley, el órgano de contratación ostenta la prerrogativa de interpretar los contratos administrativos, resolver las dudas que ofrezca su cumplimiento, modificarlos por razones de interés público, acordar su resolución y determinar los efectos de ésta".

De las citadas prerrogativas, es la de modificar los contratos por razones de interés público la que en este punto nos interesa. La facultad de modificar unilateralmente el contrato por parte de la Administración, o *ius variandi*, se lleva reconociendo en favor de ésta desde la Ley de Contratos del Estado, texto articulado aprobado por el Decreto 923/1965, de 8 de abril[80]. Actualmente, esta posibilidad se encuentra

---

b) Modificaciones del contrato, cuando la cuantía de las mismas, aislada o conjuntamente, sea superior a un 20 por 100 del precio primitivo del contrato y éste sea igual o superior a 6.000.000 de euros.

4. Los acuerdos que adopte el órgano de contratación pondrán fin a la vía administrativa y serán inmediatamente ejecutivos".

[79] La LCSP, en sus arts. 213, 255, 271 y 281, otorga a la Administración otras prerrogativas como las de dirección, inspección o control de la ejecución del contrato, que se consideran también poco frecuentes en el tráfico jurídico privado.

[80] Concretamente, es el art. 16 de la misma el que establece que: "La Administración tiene la facultad de interpretar los contratos en que intervenga y resolver las dudas que ofrezca su cumplimiento.

regulada con carácter general en el artículo 202 de la LCSP, si bien dicha potestad está prevista de forma más pormenorizada en cada uno de los contratos administrativos típicos regulados en el Libro Segundo de la citada Ley.

El mencionado art. 202, en su apartado primero, dispone que: "Una vez perfeccionado el contrato, el órgano de contratación sólo podrá introducir modificaciones en el mismo por razones de interés público y para atender a causas imprevistas, justificando debidamente su necesidad en el expediente. Estas modificaciones no podrán afectar a las condiciones esenciales del contrato." De la lectura de este art. podemos deducir que esta prerrogativa de la Administración no es ejercida libremente por ésta, sino que encuentra su fundamentación en las razones de interés público que amparen la adopción de la misma. Como es bien sabido, el concepto "interés público" es un concepto jurídico indeterminado, con el que juega la Administración en cada momento para justificar su actuación, recordando a este respecto que la consecución de dicho interés es lo que debe orientar su actuación. La apreciación de esta actuación guiada por la salvaguarda de los intereses generales ha sido abordada por diversas instancias, pudiendo citar como ejemplo el Informe 50/03, de 12 de marzo 2004, de la Junta Consultiva de Contratación Administrativa del Estado[81].

Igualmente podrá modificar por razón de interés público los contratos celebrados, dentro de los límites y con arreglo a los requisitos señalados en la presente Ley."

[81] La Junta, en su consideración jurídica segunda, expresa lo siguiente: En el presente caso resulta evidente que la construcción y alquiler de trasteros en plazas de estacionamiento construidas nada tiene que ver con el interés público, sino más bien con intereses comerciales del concesionario o del Ayuntamiento debiendo resaltarse, como ya lo hizo esta Junta en su informe de 17 de diciembre de 2002 (expediente 42/02) que "la modificación del contrato es una prerrogativa de la Administración y no cabe atribuir

Así pues, parece evidente que una de las cuestiones esenciales que debe acreditar debidamente la Administración en la tramitación de un expediente de modificación de un contrato es la concurrencia de razones de interés público que justifiquen la adopción de dicha medida. Lo que parece reprobable es que la modificación obedezca única y exclusivamente a un interés particular del empresario adjudicatario cuando de los datos obrantes en el expediente se pueda deducir dicha afirmación. Del mismo modo, la LCSP marca también los límites al ejercicio de esta prerrogativa, y así, al ya comentado de la fundamentación en razones de interés público, hay que añadir que la modificación debe estar amparada en la atención de causas imprevistas, lo cual debe quedar debidamente justificado en el expediente.

Históricamente, el fundamento de este segundo límite se ha relacionado con la protección de los principios esenciales de publicidad y libre concurrencia que rigen la contratación administrativa, ya que un ejercicio abusivo de esta potestad, que llegara a desvirtuar a través de sucesivas modificaciones el auténtico objeto inicial de un contrato, estaría realmente limitando el libre acceso a su ejecución a aquellas personas que no forman parte de la relación jurídica. Por este motivo, deben rechazarse las modificaciones que escondan cambios tan sustanciales que nos llevaran a considerar que estamos realmente ante un objeto contractual distinto al inicialmente previsto, cuestión ésta en la que ha incidido especialmente la LCSP, como más adelante analizaremos.

---

la iniciativa y el contenido de la modificación al contratista" como parece ser que sucede en el presente caso en el que el concesionario es el que solicita licencia de obras para la construcción de trasteros para su alquiler conjunto con las plazas de estacionamiento."

A este respecto, el Consejo de Estado en su Dictamen núm. 3357/2003, realiza las siguientes reflexiones en torno a los límites del ejercicio del *ius variandi*: «Un segundo límite resulta en este caso de la necesidad de que concurran necesidades nuevas o causas imprevistas (artículo 102 LCAP de 1995, que se corresponde con el vigente artículo 101 TRLCAP). A este respecto ha declarado el Consejo de Estado que "el derecho de modificación con que cuenta la Administración contratante o concesionaria, de conformidad con los artículos 18 y 74 de la Ley de Contratos del Estado, no es una atribución legal indiscriminada que le permita a su libre criterio la novación del contenido de los pliegos que sirvieron de base a la licitación, sino una facultad reglada que solo puede ejercitarse cuando la aparición de nuevas necesidades materiales, no contempladas antes de la perfección del contrato, lo hagan indispensable para el mejor servicio del interés público" (dictamen número 41.914, de 24 de mayo de 1979)»[82]. También la Junta Consultiva de Contratación Administrativa del Estado se ha manifestado en este sentido y en términos similares en su Informe 59/00, de 5 de marzo de 2001.[83]

---

[82] El Consejo de Estado, en el párrafo siguiente, fundamenta el establecimiento de este límite de la siguiente forma: «...El fundamento de este segundo límite debe hallarse en la necesidad de no desvirtuar las garantías de concurrencia que presiden la licitación y, en su caso, en "la naturaleza de los recursos económicos administrados", de carácter público (dictamen del Consejo de Estado número 45.238, de 12 de mayo de 1983). Por lo que respecta al primero de estos fundamentos, en el dictamen del Consejo de Estado número 45.942, de 15 de diciembre de 1983, se puso de manifiesto que el carácter imperativo de las normas sobre modificación de los contratos administrativos tiene «la finalidad de evitar que, a través de sucesivas modificaciones contractuales, se rompa el principio de pública licitación fundamental en la materia». Esta misma doctrina ha sido posteriormente reiterada en diversos dictámenes, que recuerdan la necesidad de que mediante la modificación de los contratos administrativos no se desvirtúen los principios de publicidad y libre concurrencia y la pureza de la licitación...».

[83] En este sentido, la JCCA establece que: «... lo cierto es que, como ya declaró esta Junta en su informe de 21 de diciembre de 1995,

En definitiva, se considera que, como ocurre en cualquier supuesto de ejercicio de potestades exorbitantes, la Administración debe utilizarlas de forma coherente, asumiendo las pautas y límites legales y valorando las circunstancias del caso concreto. Parece evidente que razones de interés público puedan llegar a aconsejar el trazado de una carretera por un sitio totalmente distinto o un cambio radical en la concepción de la construcción de un edificio que se separe totalmente de las previsiones iniciales. En estos supuestos, para conjugar todos los intereses en juego y procurar el cumplimiento de los principios esenciales de la contratación administrativa de libre concurrencia, lo procedente, antes que utilizar la figura de la modificación que quedaría desvirtuada en los fines perseguidos, la Administración debe utilizar otros cauces igualmente legales como la resolución unilateral con la consiguiente indemnización al contratista, y promover un nuevo expediente de contratación que recoja el nuevo proyecto, si bien es cierto que la nueva regulación de esta materia en la LCSP, nos va a llevar en supuestos como los descritos, a una casi obligada nueva licitación[84].

---

posteriormente reproducido en el de 17 de marzo de 1999 (expedientes 48/95 y 47/98) hay que poner límites a las posibilidades de modificación de los contratos puesto que "celebrada mediante licitación pública la adjudicación de un contrato... la solución que presenta la adjudicación para el adjudicatario, en cuanto a precio y demás condiciones, no puede ser alterada sustancialmente por vía de modificación consensuada, ya que ello supone un obstáculo a los principios de libre concurrencia y buena fe que deben presidir la contratación de las Administraciones Públicas, teniendo en cuenta que los licitadores distintos del adjudicatario podían haber modificado sus proposiciones si hubieran sido conocedores de la modificación que posteriormente se produce"...».

[84] Este principio de prudencia en la utilización de la potestad, y el criterio restrictivo en el análisis de supuestos de modificación contractual ya han sido reflejados en diversos Dictámenes del Consejo de Estado, pudiendo traer a colación lo indicado en el Dictamen de dicho órgano consultivo núm. 454/1996, en el siguiente fragmento que se reproduce: «... En la Memoria de 1990 y en otras, así como en numerosos Dictámenes relativos a consultas sobre

De todo ello se deduce que los presupuestos habilitantes esenciales de las modificaciones contractuales deben encajarse en los supuestos en los que realmente nos encontremos ante causas imprevistas, no pudiendo identificar estos presupuestos con errores graves en la redacción de los proyectos o en causas que, con la debida diligencia, puedan ser previstas por la propia Administración, si bien hay que recordar que, cuando estamos ante estas situaciones que conciernen al ámbito interno de la propia Administración, hay que ponderar la posibilidad de modificación, que por otro lado, es muchas veces técnicamente justificable.

Ahora bien, una vez analizados los principales presupuestos de esta potestad administrativa del *ius variandi* en materia de contratación, debemos advertir que la LCSP ha introducido una serie de cambios significativos en su regulación, que conviene estudiar de forma independiente. El primero de ellos se ha podido apreciar en el fragmento del art. 202 de la LCSP antes trascrito, de cuya lectura se deduce que la atención de "necesidades nuevas" a través de los procedimientos de modificación del contrato ya no puede justificar la tramitación de dichos expedientes, tal y como sucedía en el derogado art. 101 del TRLCAP. Ello conlleva un importante recorte en el ejercicio de dicha potestad, ya que la posibilidad de modificar un contrato administrativo queda circunscrita sólo a los supuestos de imprevisiones en la fase inicial de concepción del contrato, lo cual tiene cierta lógica

---

modificación de contratos, ha advertido el Consejo de Estado sobre la necesidad de extremar el celo por la Administración contratante a la hora de elaborar o, en su caso, aprobar, los proyectos de obras, de forma que sólo excepcionalmente haya de acudirse a la ulterior modificación objetiva del contrato, pues de lo contrario prácticas de esta naturaleza pueden encubrir una verdadera alteración de la voluntad administrativa respecto a tipo de obras que habrían de ejecutarse, y constituir un proyecto nuevo que exigiría un nuevo expediente de contratación...».

desde la perspectiva del funcionamiento interno de las fases de elaboración, que no siempre cuadran con la real ejecución de las prestaciones, sobre todo en los contratos de obras.

Por el contrario, eliminando la posibilidad de modificar los contratos, una vez iniciados, atendiendo a "necesidades nuevas", se evita que la Administración pueda plantear cuestiones que quedan al margen de lo originalmente proyectado y no obedezcan a las lógicas imprevisiones, con lo que ello supone de fraude para el resto de licitadores y variación en las condiciones del contrato. En definitiva, parece evidente que no es lo mismo atender a cuestiones imprevistas que puedan surgir como consecuencia de la ejecución del contrato, en las que difícilmente se puede imputar un comportamiento fraudulento de las instancias administrativas; respecto a la decisión de atender "nuevas necesidades", ya que bajo dicha decisión, pueden ocultarse intereses que queden al margen de las iniciales previsiones, suponiendo además, una clara limitación a la libre concurrencia respecto esas prestaciones.

Así pues, el legislador niega la modificación por este motivo, reconduciendo dichas hipotéticas situaciones a un futuro nuevo expediente, en el que se contemplen estas necesidades en caso de que realmente se produzcan, que deberá ser objeto de nueva licitación independiente. Así se deduce de la redacción del párrafo segundo del apartado primero del art. 202 de la LCSP[85].

---

[85] Cuyo tenor literal establece que: "No tendrán la consideración de modificaciones del contrato las ampliaciones de su objeto que no puedan integrarse en el proyecto inicial mediante una corrección del mismo o que consistan en la realización de una prestación susceptible de utilización o aprovechamiento independiente o dirigida a satisfacer finalidades nuevas no contempladas en la documentación preparatoria del contrato, que deberán ser contratadas de forma separada, pudiendo aplicarse, en su caso, el régimen previsto para la

Siguiendo con el análisis de las principales novedades que introdujo en esta materia la LCSP, cabe reseñar también, siguiendo el mismo hilo argumental que utilizábamos para aplicar con rigor el ejercicio de esta potestad, que el art. 202.1 de la misma ha prohibido de forma expresa la posibilidad de modificar los contratos cuando las variaciones afecten a las condiciones esenciales del mismo.

No obstante, el legislador vuelve a utilizar la técnica de los conceptos jurídicos indeterminados, ya que no ha especificado con carácter general cuáles son los elementos o partes del objeto del contrato que deben considerarse "esenciales". Sólo en el art. 221 de la LCSP, y referido al contrato de obra, encontramos una aproximación a dicho concepto, ya que indica que podrán considerarse alteraciones sustanciales la modificación de los fines y características básicas del proyecto inicial, o las sustituciones de unidades de obra que afecten al menos, al 30% del precio primitivo del contrato, con exclusión del IVA, lo cual podemos utilizar como criterio extensible a otras modalidades contractuales[86].

---

contratación de prestaciones complementarias si concurren las circunstancias previstas en los artículos 155.b y 158.b."

[86] A pesar de ello, si realizamos una lectura conjunta de la LCSP, podemos considerar que los órganos de contratación van a poder fijar, a través de los Pliegos de Cláusulas Administrativas Particulares de los contratos, cuáles son las partes del mismo consideradas como esenciales. En efecto, a pesar de que ni el art. 99 de la LCSP, ni el aún vigente artículo 67 RGLCAP hacen una mención expresa a esta circunstancia, entendemos que la aplicación del principio de libertad de pactos previsto por el art. 25 de la LCSP posibilita la fijación de las condiciones esenciales de la prestación a través de los citados pliegos.

III. PROS Y CONTRAS DE LA REFORMA DE LAS MODIFICACIONES CONTRACTUALES.

Como ya hemos comentado anteriormente, una buena parte de los cambios normativos que el Gobierno actual quiere llevar a cabo, en consonancia con las diferentes políticas impulsadas desde la UE[87], parar luchar contra la difícil situación financiera por la se está atravesando se van a concentrar en la denominada Ley de Economía Sostenible[88] (en adelante, LES) que tiene

---

[87] En noviembre de 2008, la Comisión Europea aprobó una Comunicación dirigida al Consejo Europeo denominada "Un Plan Europeo de Recuperación Económica" y que constaba de dos pilares fundamentales. El primer pilar es una inyección masiva de poder adquisitivo en la economía con objeto de estimular la demanda y generar confianza. La Comisión propone que, con carácter de urgencia, los Estados miembros y la UE acuerden un impulso presupuestario inmediato de 200 000 millones EUR (1,5 % del PIB) para reactivar la demanda, en pleno cumplimiento del Pacto de Estabilidad y Crecimiento. El segundo pilar se fundamenta en la necesidad de dirigir la acción a corto plazo a reforzar la competitividad de Europa a largo plazo. El Plan establece un programa integral para orientar el gasto a las inversiones «inteligentes». Invertir de forma inteligente implica hacerlo en las cualificaciones adecuadas para las necesidades del mañana; invertir en eficiencia energética para crear puestos de trabajo y ahorrar energía, invertir en tecnologías limpias para impulsar sectores como los de la construcción y el automóvil en los mercados con bajo nivel de carbono del futuro; e invertir en infraestructuras e interconexiones para fomentar la eficiencia y la innovación. Al mismo tiempo, las diez acciones para la recuperación que se incluyen en el Plan ayudarán a los Estados miembros a adoptar las medidas económicas y sociales oportunas para hacer frente a los retos del presente: lograr nuevas fuentes de financiación para las PYME, reducir las cargas administrativas y poner en marcha las inversiones destinadas a modernizar las infraestructuras. Fomentará una Europa competitiva lista para la economía con bajo nivel de emisiones de carbono.
[88] Es cuanto menos llamativa, la definición que la propia LES hace del concepto de "economía sostenible" en su art. 2 al definirla como: "...se entiende por economía sostenible un patrón de crecimiento que concilie el desarrollo económico, social y ambiental en una economía productiva y competitiva, que favorezca el empleo de calidad, la igualdad de oportunidades y la cohesión social, y que garantice el respeto ambiental y el uso racional de los recursos naturales, de forma que permita satisfacer las necesidades de las generaciones

como objetivo fundamental impulsar un cambio de modelo económico en nuestro país a través de tres grandes pilares estratégicos: la mejora del entorno económico, el impulso de la competitividad y la apuesta por la sostenibilidad medioambiental. Es en el primero de estos ejes, el de la mejora del entorno económico, donde se ubican los cambios que se van a realizar en la LCSP, relativos a las modificaciones contractuales, pero que también afectarán a otras cuestiones fundamentales de la misma, como por ejemplo, la reducción del pago del precio de 60 a 30 días, el impulso de los contratos de colaboración entre el sector público y el sector privado, o el incremento de los porcentajes de subcontratación.

De los cambios previstos por la LES que van a afectar a las modificaciones contractuales, podemos decir, en primer lugar, que la memoria del análisis de impacto normativo de dicha norma subraya que la reforma referida "supone restringir la posibilidad de modificar los contratos públicos, una vez celebrados", restricciones que "se aplican a todos los contratos del sector público", al contrario que la regulación actual, sólo aplicable a los celebrados por las Administraciones Públicas. Es importante resaltar que dicho propósito guarda conexión con el dictamen motivado que la Comisión Europea remitió al Reino de España (en el seno de la fase precontenciosa del procedimiento por incumplimiento del Derecho comunitario), al considerar que el régimen de modificación de los contratos con posterioridad a su adjudicación, tal y como está regulado en la LCSP, infringía los principios de igualdad de trato, no discriminación y transparencia derivados del artículo 2 de la Directiva 2004/18/CE del Parlamento Europeo y del Consejo, de 31 de marzo de 2004, sobre coordinación de los procedimientos de

---

presentes sin comprometer las posibilidades de las del futuro para atender sus propias necesidades."

adjudicación de los contratos públicos de obras, de suministro y de servicios[89].

El nuevo régimen de modificación contractual previsto por la LES se incorpora a la LCSP mediante la introducción de un último Título, el V, en el Libro I de esta norma. Conforme a esta regulación, son dos los supuestos en los que se admite la modificación contractual:

1. Cuando así se haya previsto en los pliegos o en el anuncio de licitación. Para la operatividad de esta modificación, no basta con que se haya advertido expresamente en alguno de tales documentos, sino que es preciso, además, que se hayan detallado, de forma clara, precisa e inequívoca, las condiciones en que puede hacerse uso de dicha posibilidad, así como el alcance y límites de los cambios contractuales, con indicación expresa del porcentaje del precio del contrato al que como máximo pueden afectar y los aspectos procedimentales.

---

[89] Esta Directiva ha sido modificada por la Directiva 2005/51/CE de la Comisión, de 7 de septiembre de 2005, por la Directiva 2005/75/CE del Parlamento Europeo y del Consejo, de 16 de noviembre de 2005 y por la Directiva 2006/97/CE del Consejo, de 20 de noviembre de 2006. Y, en particular, por el Reglamento (CE) nº 1422/2007 de la Comisión, de 4 de diciembre de 2007, por el que se modifican las Directivas 2004/17/CE y 2004/18/CE del Parlamento Europeo y del Consejo en lo que concierne a los umbrales de aplicación en los procedimientos de adjudicación de contratos; y por el Reglamento (CE) nº 213/2008 de la Comisión, de 28 de noviembre de 2007, que modifica el Reglamento (CE) nº 2195/2002 del Parlamento Europeo y del Consejo, por el que se aprueba el Vocabulario común de contratos públicos (CPV), y las Directivas 2004/17/CE y 2004/18/CE del Parlamento Europeo y del Consejo sobre los procedimientos de los contratos públicos, en lo referente a la revisión del CPV, que sustituye los cuadros de los Anexos I, IIA y 2B de la Directiva 2004/18 por el texto que figura en los Anexos V, VI y VII de dicho Reglamento.

2. Cuando, no estando la modificación prevista en los pliegos o en el anuncio de licitación, esté justificada por una serie de causas tasadas, no altere las condiciones esenciales de la licitación y no exceda el 20% del precio de adjudicación.

Los cambios que esta regulación supone con respecto a las previsiones actualmente en vigor son notables. Lo más llamativo es que, por primera vez, la modificación de los contratos celebrados en el ámbito del sector público es sometida a determinadas reglas que prevalecen sobre el régimen civil. Al margen de esto, y por lo que se refiere a los contratos administrativos, frente al régimen en vigor (que se caracteriza por exigir la concurrencia de razones de interés público y de causas imprevistas debidamente justificadas, así como la previsión de esta posibilidad en los pliegos y en el documento contractual, sin que, en cambio, esté contemplado un porcentaje máximo del precio de adjudicación que no se pueda sobrepasar), la disposición final décimo octava de la LES estipula, en primer lugar, que no será ya necesario que la eventual modificación esté contemplada en los pliegos y en el contrato para que la misma sea factible, en la medida en que se regula expresamente la posibilidad de una novación contractual no prevista en la documentación que rige la licitación.

Junto a ello, y en segundo lugar, se prevé que, cuando dicha posibilidad sí aparezca recogida, la información atinente a la misma esté mucho más perfilada, pues afecta tanto a las causas a las que ha de responder la modificación como al alcance que pueda tener. Por último, a falta de previsión en la documentación contractual, la novación se somete a un régimen muy estricto, por cuanto ha de cumplir un requisito hoy no regulado expresamente (aunque sí exigido por la jurisprudencia y la doctrina del Consejo de Estado), como es el respeto de las condiciones esenciales de la licitación; exige la concurrencia de una justificación más concreta que la genérica alusión a las razones de interés público y las causas imprevistas, y está sometida a un porcentaje máximo.

En conexión con los cambios expuestos, se introducen, además, los siguientes:

1. Para el cálculo del valor estimado de los contratos del sector público, se incluye dentro de dicho valor el importe máximo que la modificación contractual pueda alcanzar, cuando ésta se prevea en la documentación que rige la licitación, dando nueva redacción al art. 76.1 in fine.

2. Respecto de las causas de resolución de los contratos administrativos, se suprimen los supuestos que habilitan al contratista a pedirla con motivo de las modificaciones que impliquen alteraciones del precio en cuantía superior al 20% del precio primitivo (en la regulación de los contratos de obras –art. 220-, de suministro –art. 275- y de servicios –art. 284-). El resultado es que, como señala la nueva redacción del art. 202.1 de la LCSP, las modificaciones acordadas por el órgano de contratación son "obligatorias para los contratistas", quienes no pueden solicitar la resolución del contrato con ocasión de tales modificaciones[90].

---

[90] Esta situación guarda coherencia con la nueva regulación de la modificación de los contratos. Con la redacción vigente, la posibilidad del contratista de instar la resolución de los contratos administrativos sólo existe a partir de modificaciones de cierta entidad, en concreto, las que representen una alteración del precio superior al 20%, lo que significa, a contrario, que, por debajo de ese porcentaje, las modificaciones son obligatorias. En la regulación proyectada, a falta de previsión en los pliegos o en el anuncio de licitación de la eventual modificación, ésta no puede superar el referido porcentaje, por lo que, en dicha situación, no cabe la causa de resolución contractual que ahora se elimina; la novedad radica en que el contratista tampoco podrá pedir la resolución si la modificación supera el 20%

3. Como contrapartida, se introduce una nueva causa de resolución de los contratos administrativos, cual es "la imposibilidad de ejecutar la prestación en los términos inicialmente pactados o la posibilidad cierta de producción de una lesión grave al interés público de continuarse ejecutando la prestación en esos términos, cuando no sea posible modificar el contrato" (artículo 206.h) de la LCSP, conforme a la disposición final décimo octava de la LES). En este supuesto, se reconoce el derecho del contratista a una indemnización del 3% del importe de la prestación dejada de realizar (artículo 208.6).

IV. CONCLUSIONES.

La valoración general de los cambios propuestos por la LES es realmente positiva, habiendo sido la materia de los modificados en la contratación administrativa española una preocupación tradicional de los diferentes órganos consultivos, temiendo que dicha técnica pudiera ser empleada para encubrir "prácticas viciosas" susceptibles de "frustrar los principios de publicidad y concurrencia proclamados por la legislación" de contratos públicos (Dictamen del Consejo de Estado núm. 34/2007, de 1 de febrero). La nueva regulación de la LES contribuye a evitar este

---

del precio primitivo del contrato, cosa que sólo es factible si tal modificación está contemplada en los documentos que han de regir la licitación. Por consiguiente, se entiende que la supresión de la posibilidad de resolver el contrato a instancias del contratista con motivo de modificaciones superiores al porcentaje de referencia no genera una situación más gravosa para el mismo, habida cuenta de que ha conocido dicha posibilidad de forma detallada en los documentos de licitación (recuérdese, con indicación expresa del porcentaje al que puede ascender dicha modificación) y de que esta circunstancia ha sido tomada en consideración para el cálculo del valor estimado del contrato.

efecto, toda vez que se restringen las circunstancias que pueden dar lugar a la modificación contractual y el alcance que puede tener si no está prevista en la documentación de la licitación, mientras que, de estar contemplada en ella, la modificación no atenta contra el principio de concurrencia, pues todos los licitadores conocen antes de participar en el procedimiento de adjudicación en qué circunstancias y porcentaje la modificación puede llegar a producirse una vez suscrito el contrato.

A pesar de lo anterior, pueden formularse algunas observaciones concretas a la propuesta de reforma de la LCSP, que pueden resumirse en las siguientes:

En primer lugar, y respecto al ámbito de aplicación, el régimen de modificación contractual contenido en el futuro Título V del Libro I de la LCSP resulta aplicable a todos los contratos incluidos en su ámbito objetivo de aplicación y no solamente a los contratos administrativos. Sin embargo, de acuerdo con lo previsto en el artículo 20, número 2, de dicha norma, los contratos privados sólo se rigen por la misma en cuanto a su preparación y adjudicación, mientras que se aplica el Derecho civil en cuanto a sus efectos y extinción. Para evitar antinomias legales, podría reformarse el precepto citado, precisándose que los contratos privados también se rigen por la LCSP en lo que atañe a su modificación[91].

Por otro lado, en relación con las causas justificativas de las modificaciones contractuales no

---

[91] En relación con esta misma materia, conviene asimismo llamar la atención sobre el hecho de que, en virtud del artículo 21, número 2, de la LCSP, reflejo de la doctrina de los actos separables, se encomienda al orden jurisdiccional civil el conocimiento de las controversias que surjan entre las partes en relación con los efectos, cumplimiento y extinción de los contratos privados, lo que, ha de entenderse, comprende la modificación contractual.

previstas inicialmente, las dos primeras de ellas[92], hacen referencia a situaciones en las que la modificación se justifica por las deficiencias del proyecto o de las especificaciones técnicas, si bien, en el primer caso, basta la existencia de errores u omisiones, en tanto que, en el segundo, la inadecuación de tales documentos tiene que ser imprevisible aplicando la diligencia exigida en atención a una buena práctica profesional[93].

En tercer lugar, por lo que respecta a la consulta al Consejo de Estado, la disposición final décimo octava de la LES da nueva redacción al artículo 195, número 3, b), de la LCSP, con el objeto de circunscribir la competencia del Consejo de Estado en los procedimientos de modificación contractual a los

---

[92] Nos referimos a la nueva redacción propugnada para el apartado 1 del nuevo art. 92 quáter de la LCSP, y que serían las siguientes:
"a) Inadecuación de la prestación contratada para satisfacer las necesidades que pretenden cubrirse mediante el contrato debido a errores u omisiones padecidos en la redacción del proyecto o de las especificaciones técnicas.
b) Inadecuación del proyecto o de las especificaciones de la prestación por causas objetivas que determinen su falta de idoneidad, consistentes en circunstancias de tipo geológico, hídrico, arqueológico, medioambiental o similares, puestas de manifiesto con posterioridad a la adjudicación del contrato y que no fuesen previsibles con anterioridad aplicando toda la diligencia requerida de acuerdo con una buena práctica profesional en la elaboración del proyecto o en la redacción de las especificaciones técnicas."
[93] En otras palabras, aunque no se diga expresamente, parece que se pretende dar un tratamiento diferente en función de si el contratista fue o no el autor del proyecto o intervino en la redacción de las especificaciones técnicas: en caso negativo, cualquier error u omisión, que no le sería en ningún caso imputable, justifica la modificación contractual no prevista en los documentos de licitación; en cambio, en caso afirmativo, para que el error u omisión haga posible dicha modificación, es preciso que no fuera previsible con la diligencia de un buen profesional93. Ahora bien, con el objetivo de disipar cualquier duda, convendría revisar la redacción de estas dos primeras causas, dejando claro que el primero resulta aplicable al caso de que el contratista no sea autor del proyecto y el segundo al supuesto contrario.

supuestos en los que se formule oposición por parte del contratista y su cuantía, aislada o conjuntamente, sea superior a un 10% del precio primitivo del contrato, siendo éste igual o superior a 6.000.000 euros. Los cambios que esta regulación supone son dos. En primer término, el porcentaje de afectación del precio se reduce del 20% vigente al 10%. Ello tiene sentido considerando que, de mantenerse el límite en vigor, el Consejo de Estado no intervendría preceptivamente en las modificaciones contractuales no previstas en los documentos de licitación, las cuales, por definición, no pueden superar el 20% del precio primitivo del contrato, por lo que se sustraerían de la consulta obligada a dicho Cuerpo Consultivo los casos potencialmente más conflictivos. En segundo término, se limita el dictamen preceptivo del Consejo de Estado a los supuestos en los que exista oposición por parte del contratista a la modificación contractual, precisión que no consta en la regulación vigente[94].

Finalmente, y por lo que respecta al plazo para resolver y notificar la resolución de los contratos administrativos, se trata de una cuestión que es oportuno suscitar dentro de una reforma de los artículos de la legislación de contratación pública, aprovechando la oportunidad que ahora nos brinda la LES. A falta de previsión al respecto en la LCSP, la

---

[94] El propio Consejo de Estado ha dicho en su informe del Anteproyecto de Ley de Economía Sostenible, Informe 215/2010, de 18 de marzo de 2010: "que tal precisión debería reconsiderarse, dado que la intervención de este Cuerpo Consultivo, además de representar una garantía para el contratista, también lo es para el procedimiento de adjudicación de contratos y el principio de igualdad en el acceso a la contratación pública. No en vano, en la mayoría de los supuestos en los que el Consejo de Estado manifiesta una opinión contraria a una concreta modificación contractual, dicha opinión no se funda en una vulneración de los derechos del contratista, sino en que la variación reviste "tal trascendencia que supone en realidad una nueva y diferente contratación", lo que impide efectuar la modificación del contrato y obliga, en consecuencia, a acudir a una nueva contratación (Dictamen núm. 587/2004)".

jurisprudencia del Tribunal Supremo (sentencias de 2 de octubre de 2007 y 13 de marzo de 2008) ha considerado que dicho plazo es de tres meses conforme a la regla general del artículo 42, número 3, de la Ley 30/1992, transcurrido el cual -en los casos de resolución por incumplimiento del contratista- se produce la caducidad, en virtud del artículo 44, número 2, de ese mismo texto legal, por ser la de resolución contractual una potestad de intervención con efectos desfavorables. No obstante, la experiencia demuestra que el plazo de tres meses es insuficiente para tramitar los procedimientos de resolución contractual por incumplimiento imputable al contratista, en los que las propias garantías reconocidas a favor de éste exigen en muchos casos complejas comprobaciones y la solicitud de numerosos informes. Por ello, la tramitación de la propia LES brindaría una ocasión propicia para fijar un plazo suficiente para la instrucción de los referidos procedimientos[95].

---

[95] El Informe 215/2010, de 18 de marzo de 2010, del Consejo de Estado antes citado establece que: "Con independencia de la postura de este Consejo con respecto a esta interpretación jurisprudencial, expuesta in extenso en la memoria de 2008, se consideraría un plazo suficiente, por ejemplo, el de un año".